森岡健太の
道徳 doutoku 教材研究ノート

明治図書

まえがき

教材研究を楽しめていますか？

「道徳の教材研究」と聞くと何を思い浮かべるでしょうか。

「難しい」「やり方がわからない」「全て指導書の通りにやっている」という言葉が思い浮かんできた方もいらっしゃるのではないでしょうか。

実は，これは私の周りの人から聞こえてきた言葉です。前著『おもしろすぎて授業したくなる道徳図解』では，その悩みを解決するべく，授業方法の概要について述べました。

ありがたいことに，前著についてたくさんの反応をいただきました。

「授業をするのがおもしろくなりました」「授業のやり方が少しずつわかってきました」これらの言葉は本当に嬉しいです。この場を借りてお礼申し上げます。

ただ，次のような声も聞こえてきました。

「この間やった授業では，どの板書の型を当てはめればよかったかな」

この言葉を聞いたときに２つのことを思いました。

１つは，「板書の型を参考にしてくれてありがたい」ということです。私自身，板書には随分と悩まされており，その結果，生み出されたのが前著の８つの型でした。

どの型を使えば，子どもたちの思考が広がったり，深まったりするのだろうと試行錯誤していただくのは嬉しいことですし，そこから新しい板書が生まれるとなるとワクワクします。

もう１つ思ったのが，「型に当てはめる方法を伝えるだけでよいのか」ということです。

確かに，型に当てはめると授業づくりはできるかもしれません。ですが，

「このねらいに対してこの型を使った」ということが語れるようにならないと授業づくりの本質をつかんでいるとは言い難いのです。

本書では，教材研究の在り方を探ったり，教材研究の流れをお伝えしたりすることを通して「授業を自分の手で１からつくれる」「目の前の子の実態に合った授業をつくれる」「授業づくりの本質をつかむ」というところを目指しています。

１章「道徳科の教材研究とは？」では，そもそも道徳の教材研究では「どのようなことをすればよいのか」「どのように考えればよいのか」について考えていきます。

２章「教材研究８STEP」では，教材研究を行うときの手順を８つのSTEPに分けて解説していきます。

３章「教材研究ポイント解説」では，実際に教材研究したもののポイントを内容項目ごとに紹介していきます。

４章「教材研究と実際の授業」では，２つの教材について，目の前の子の実態に合うように教材研究を突き詰めたら，どんな授業になったかということも含めて詳しく見ていきます。

するめが噛めば噛むほどおいしくなるように，カレーが煮込めば煮込むほどおいしくなるように，教材研究はやりこめばやりこむほど，楽しくなっていきます。

本書を読み終える頃には，「早く教材研究したい」「教材研究っておもしろい」と感じてもらえれば幸いです。

森岡　健太

Contents

1章 道徳科の教材研究とは？

2章 教材研究８STEP

3章 教材研究ポイント解説

4章　教材研究と実際の授業

1章

道徳科の教材研究とは？

01 教材研究は脳内会議

教材研究の質を高めるには，「脳内会議」が大切です。脳内会議とは，１つの教材を複数の視点で見つめて，疑問をもち，それについて考えることを指します。これは，授業で大切にしたい「多面的・多角的」な見方・考え方そのものになります。

脳内にもう１人の自分をつくる

私が思う教材研究のコツ（イメージ）をお教えしましょう。それは「脳内にもう１人の自分をつくること」です。

ディズニー映画の「インサイド・ヘッド」を観たことはあるでしょうか。直訳すると「頭の中」ということになります。主人公の頭の中に「ヨロコビ，カナシミ，イカリ，ビビリ，ムカムカ」が存在していて，主人公が何かしらの出来事に出くわしたときに，各々が主張を述べて脳内会議が始まります。

教材研究はまさにそのようなイメージでやっていくことが大切だと感じています。

教材研究では，１つの教材に出会ったときに，「うわー素敵なお話だなぁ！」とよいところを感じるその素直な感情を大切にしたいものです。

その一方で，「いやいや……こんなにうまくいくかな」「なんか，モヤっとする教材だな」というマイナスの感情も大切にしたいのです。

このプラスの感情やマイナスの感情が後に発問を考えるときに大いに役に立ってきます。

■ 自分の「問い」を大切にする

「インサイド・ヘッド」を例に感情の話をしました。プラス・マイナスの感情を大切にするという他にも「脳内会議」という言葉を使っている意味があります。それは,「自分で問いを立てて,自分で考える」ということです。

例えば「真理を求める心」という主題があったとします。ここで教材を読み終えた後に脳内で問いを立てて,答えていきます。

「真理を求めるにはどうしたらいいんだろう」

「学び続けることが大切だよ」

「学び続けるとどんなよいことがあるのだろう」

「人生が楽しくなるんじゃないかな」「人々の役に立つよ」

「でも,嫌になることはないのかな」

「そんなときもあるかもしれないな」「学ぶこと自体が楽しいんじゃない」

一例ですが,このような感じです。この脳内のやりとりはノートに書きとめておきます。この問いがそのまま発問になるとは限りませんが,授業の中で役に立つことが多いです。

実は,この「脳内会議」は学習指導要領解説が述べるところの「多面的・多角的」なものの見方・考え方とリンクしています。「教材のもつプラス面を感情で捉える」一方で「教材のもつマイナス面を感情で捉える」。これは1つの教材を多面的に見ているといえます。そして,いろいろな角度から問いをつくることは,教材について多角的に考えることにもつながっています。

以上,教材研究で「脳内会議」を大切にしたい理由でした。

ポイント
- 教材研究は,自分の素直な感情を大切にする
- 教材研究は,「多面的・多角的」に行う

02 指導書からの脱却

教師用の指導書はとても便利です。ねらいが明確に示してあり，授業の流れや発問もわかりやすく記載されています。ですが，丸々そのまま指導書の通りに授業をすると，目の前の子どもの実態に合わないことがあります。そうならないために……

指導書から緩やかに脱却することを目指す

みなさんは，指導書をどのように活用しているでしょうか。そのまま指導書の通りに授業をしている人もいれば，少し見て参考程度に活用している人もいるのではないでしょうか。

実は私自身，某教科書会社の指導書の一部を作成しており，「指導書」を活用してほしいという気持ちは大いにあります。

ですが，丸々指導書の通りでは道徳の授業はうまくいかないことも多々あります。

それはなぜでしょうか。道徳は他の教科と比べて子どもたちの実態が反映されやすい教科だからだといえるでしょう。例えば，「国際理解，国際親善」の授業では，クラスに外国から転校してきた子がいるかどうかで，子どもたちの「実感」に大きな差が出ます。「友情，信頼」で考えても，「男女問わず仲がよい」と「特定のグループで仲がよい」とでは，実態は大きく異なります。指導書に書いてある流れで授業をすると，自分のクラスの実態に合わなくなってくることがあるということはおわかりいただけたでしょうか。

■ 指導書から緩やかに脱却する手順

「指導書から緩やかに脱却する」という意味は伝わったかと思います。他にも，「学習活動」がクラスの実態に合っていない場合もあります。意見が活発に飛び交うクラス。役割演技などで考えを表出するのがうまいクラス。「書く」活動が得意なクラス。それぞれ特徴が異なります。

指導書は，全国の先生方が「授業をしやすくなるように」と提案された一例です。それゆえ，授業展開が「平均化」「平準化」されているのです。

さて，緩やかに脱却する手順をご紹介しましょう。

①指導書をそのまま活用する
②ねらい，中心発問，導入などの授業の流れはそのままにして，補助発問や問い返し発問などを変える
③発問を一部変えてみる。あるいは，学習活動を変えてみる

このように緩やかに指導書から脱却することを意識すれば，大きく授業が失敗することは少なくなるでしょう。

そして，これらの手順を実現するために，できれば「教材研究ノート」をつくってほしいと思います。そこに考えたことを書きためていけば，それは世界に１つのあなただけの財産になります。

脱却することばかりを述べてきましたが，完全に手放す必要もないと思っています。うまい距離感でつきあっていくことができるとよいですね。

ポイント
- **指導書は子どもの実態を考慮しながら参考程度に活用する**
- **授業のレベルアップのためには，緩やかに脱却することを目指す**

03 レールに乗せてしまう問題

指導案や指導書の通りに授業を行った結果，どうも自分のクラスの実態に合わず，おもしろくない展開になることがあります。教師が指導案や指導書通りに授業をすることに固執してしまった結果といえるでしょう。指導案はあくまでも「案」です。

■ 指導案は「案」である

指導案や指導書を見ながら授業をする。忙しい日々を送っている中，そのような日もあるかもしれません。ですが，特に道徳の場合はそこに頼りすぎると問題が発生してしまいます。道徳は「公式を導くこと」や「用語を知識として理解するため」に授業をしているわけではありません。この性質を考えると，指導案や指導書の流れの通りにいったからといってよい授業とは限らず，逆にいかに子どもたちの言葉で語られたかというところがよい授業かどうかの基準になってくるのではないでしょうか。

さて，子どもたちの発言と指導案の内容がズレてきたら……どのように対応するかが教師の腕の見せどころです。ここで指導案の流れに無理やり戻そうとすると，子どもたちの思考の流れがぶつ切りになってしまいかねません。

これが，いわゆるレールに乗せてしまう問題です。指導者が描いたレールに何が何でも乗せようとすると子どもたちの思考は深まったり，広がったりせずに単調なものになってしまうでしょう。指導案はあくまでも「案」であるということを意識しながら授業をすることを心がけたいものです。

■ どれだけ想定できているのかが勝負

一流のアスリートは試合前に必ずイメージトレーニング（以下イメトレ）をするといわれています。イメトレをしているからこそ，不測の事態が起きてもうまく対応することができるのです。

ここで，１つ提案です。もし，指導案や指導書の流れの通りに授業するとしても，イメトレを事前にやってみてはどうでしょうか。

イメトレから授業をレベルアップする手順は以下の通りです。

①子どもたちがどんな発言をするか想定し，ノートに書いてみる
②その発言に対してどのような返しをするのかを考えて書く
③それらができたら，脳内で一連のイメージをしてみる

最初は，どんな発言をするのか全然思いつかないかもしれません。ですが，慣れてくるとたくさん思いつくようになり，どの子どもがどんな発言をするかということが少しずつ見えてくるようになってきます。

このようにイメトレをしてイメージできるようになると臨機応変に対応する力がついてきます。すると，授業をしていておもしろさが増してきます。

「ねらいに迫るようなおもしろい発言が出てきたぞ。今回は，この発言を取り上げて，クラス全体で考えてみようかな」

「書く活動をしてから話す活動に入る予定だったけれど，話したがっている様子があるから，先にお話しタイムをとってみよう」

このような感じで発問や活動を変更できるようになると楽しさ倍増です。

ポイント
- 指導案はあくまでも「案」であるということを意識しておく
- 指導案や指導書を使うときもイメトレで想定の範囲を広げておく

04 子どもの意見広がりすぎ問題

子どもの意見が広がるのはよいことです。でも，広がりすぎてしまったらどうしようという悩みはあるようです。広がりすぎないようにするためには，教師の授業「観」を変えることと，教材研究が大切になってきます。

意見が広がりすぎるとは？

「レールに乗せてしまう問題」は子どもたちの思考が狭まってしまっている状態です。「教師が望む答えは何だろう」という思考が働き，建前だけの授業になってしまっていると言っても過言ではないでしょう。

逆に「意見が広がりすぎて困ってしまう」ということもよく聞きます。これはどのような状態を指すのでしょうか。恐らく，想定していたレールからはみ出てしまって収拾がつかない状態になっていると推察されます。

このような状態のときに，授業者はどのような対応をとるのが望ましいでしょうか。よく聞くのが「今はそれを考える時間じゃないよ」と子どもの意見を切り捨ててしまうというものです。

このように言われてしまった子どもは次の授業からどのように考えるようになるでしょうか。「先生が望んでいる答えは何だろう」このような思考が働きそうです。つまり，教師が狭い１本のレールを思い描いて授業をしていると，だんだん子どもたちの思考も狭いものになってくるということです。

見方を変えるためには教材研究が必要

教師の授業「観」を変えていくと，「レールに乗せてしまう問題」と「子どもの意見広がりすぎ問題」は解決していきます。下図をご覧ください。

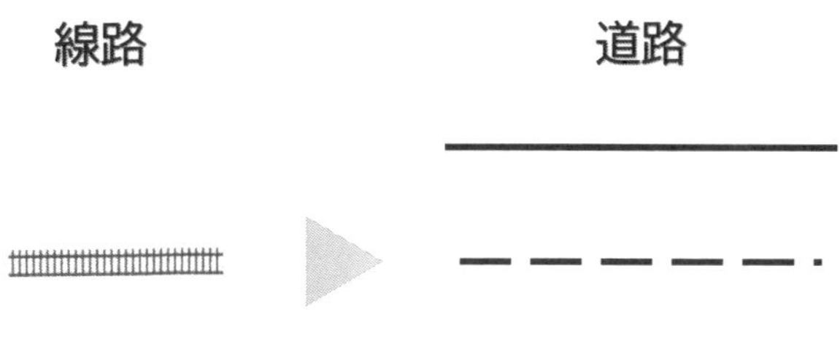

「指導案や指導書の通りに進めなくては」と思って授業をしている方は左の図のような細い線路を走っている状態です。広がりすぎて困っているという方は，この線路からはみ出してしまうから困るという考えがあるのでしょう。

頭の中で右のような広い道路を思い浮かべてください。外国の映画などに出てくる，とてつもなく広い道路です。授業では，これくらい広い道路を走っていると考えると，多少車が蛇行しても目的地に到着できそうですよね。

では，どうやって道路に変えていくのか。その答えが「教材研究」です。

教材研究をして，自分の中で教材に対する解釈や内容項目に対する理解が深まっていると，子どもの発言が「実は裏では目的地に向かっているものにつながっている」と気づくことができるようになります。

ポイント
- 教師の授業「観」を線路から道路へと変えていく
- 教材研究をすることで「道路」の幅を広げていく

05 教材研究は授業力のレベルアップにつながる

「授業力を高めたい」ということは誰もが思っていることでしょう。一方で，「教材研究」って大変だなという思いをもっている方もいるのではないでしょうか。この２つを天秤にかけたとき，どちらをとるかというと……。

「今」か「未来」か

指導書を手に取り，指導書の通りに授業を行う。これで授業ができるので，「今」の授業を１時間成立させるという意味においては問題ありません。

ですが，もし，この本を手に取ってくださった方が若手だとしたら……あるいは，これから成長したいと願う方だとしたら……教材研究をすっとばして指導書そのままの授業をするというのはおすすめしません。

道徳の授業は年間で35回です。10年後の「未来」を思い浮かべてみてください。350回の授業をしていますよね。その間，教材研究を積み重ねてきていたらその分だけ力がついています。逆に，指導書の通りに授業をしていたとしたら，自分の財産として残るものは少ないでしょう。

重ね重ねいいますが，指導書を使うことは悪くありません。「教材研究をせずに指導書そのままの授業をするのでは力がつきにくい」ということです。

教材研究は時間がかかることがあります。でも「今」の目の前の子どものため，そして「未来」の自分への投資と思って本腰を入れて教材研究をしてみるのはどうでしょうか。

■ レベルアップのためにすること

「教材研究は授業のレベルアップにつながる」これは間違いないですが，より効果的にする方法があります。

それは，授業後に振り返りをするということです。おすすめは，人に見てもらうことです。放課後に見てもらった人に意見をもらいましょう。他の教科でも，もちろん有効ですが，道徳の場合は特に有効だと感じています。それは，道徳は「人によって価値観が違う」からです。

例えば，「友情，信頼」という授業において，登場人物Ａ，Ｂ，Ｃがいるとします。あなたはＡという登場人物に焦点を当てて考えさせるのがベストだと感じて授業を展開したとしましょう。でも，見に来てくださった方はＢという登場人物に視点を置いた方がよいという意見をくださるかもしれません。どちらが「正しいか」ということではありません。他の人に授業を見てもらうことで，別の視点から授業を見直すことができるということが大切だと思います。

とはいえ，毎回誰かに見に来てもらうわけにもいきません。自分自身でも振り返りを行い，気づいたことや改善点を教材研究ノートにメモしておくことが成長への一歩です。

こうして，誰かに見てもらうことや自身で振り返りを書くことも含めて「教材研究」としたいのです。振り返りは，自身の失敗した部分にも目を向けることになるので，辛いときもあります。ですが，これも教材研究の力を高めるための「未来」への投資になってきます。

- 教材研究は「今」のためであり，「未来」への投資でもある
- 授業後に振り返りをすることも教材研究の一部である

06 学習指導要領解説を使いこなす

学習指導要領解説という言葉を聞くとどのようなイメージをもつでしょうか。忙しい日々を送っている現場では，なかなかじっくりと読み込む時間はないかもしれません。教材研究の際に少なくとも見ておくとよいページとその見方を解説します。

学習指導要領解説をフル活用する

あるとき，若手の人と話していました。「自分なりに考えているのに学習指導要領解説をそこまで重視する必要がありますかね」と質問されました。

教材や内容項目について，自分なりに考えることは大切です。しかし，その土台となるものは必要です。公教育として授業をしている以上，一定の水準が保たれる必要があるからです。ここを抜かしてしまっては，「教師の価値観の押しつけの授業ですね」と言われても文句は言えません。以下，文部科学省のホームページからの引用です。

「『学習指導要領』とは，全国どこの学校でも一定の水準が保てるよう，文部科学省が定めている教育課程（カリキュラム）の基準です。およそ10年に１度，改訂しています」（「『学習指導要領』とは？」文部科学省，URL：https://www.mext.go.jp/a_menu/shotou/new-cs/idea/index.htm）

そして，その学習指導要領を解説しているものが「学習指導要領解説」です。つまり，「学習指導要領解説」は授業をつくるときの大切な土台であり，骨組みとなるわけです。

■ 学習指導要領解説の見方①

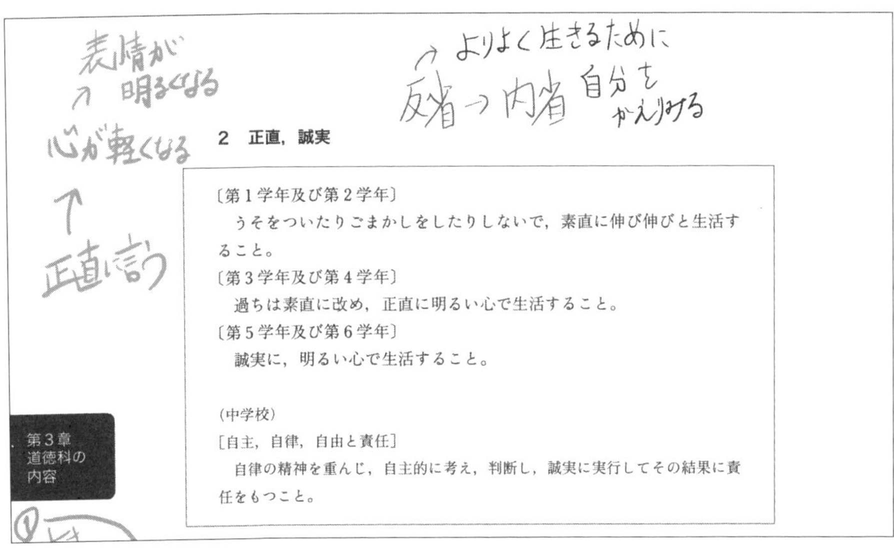

2　正直，誠実

〔第1学年及び第2学年〕
うそをついたりごまかしをしたりしないで，素直に伸び伸びと生活すること。
〔第3学年及び第4学年〕
過ちは素直に改め，正直に明るい心で生活すること。
〔第5学年及び第6学年〕
誠実に，明るい心で生活すること。

（中学校）
〔自主，自律，自由と責任〕
自律の精神を重んじ，自主的に考え，判断し，誠実に実行してその結果に責任をもつこと。

さて，ここからは具体的にどのように見ていったらよいかを一緒に確認しましょう。わかっている方は読み飛ばしてもらって大丈夫です。

授業づくりにおいて一番参考にするページが内容項目について書かれているページです。見開きの構成になっており，左ページの上部に発達段階に応じた目標が載っています。

「正直，誠実」について確認してみましょう。実は，使われている言葉によく注目すると，低学年は「素直」，中学年は「正直」，高学年は「誠実」と少しずつ意味の違う言葉が使われています。この辺りは自分の中で整理しておく必要がありそうです。また中学校では，「自主，自律，自由と責任」と合体しているのですね。これもまたおもしろいところです。自分の学年だけではなく，前後も含めて確認しておくと新たな発見がありますよ。

■ 学習指導要領解説の見方②

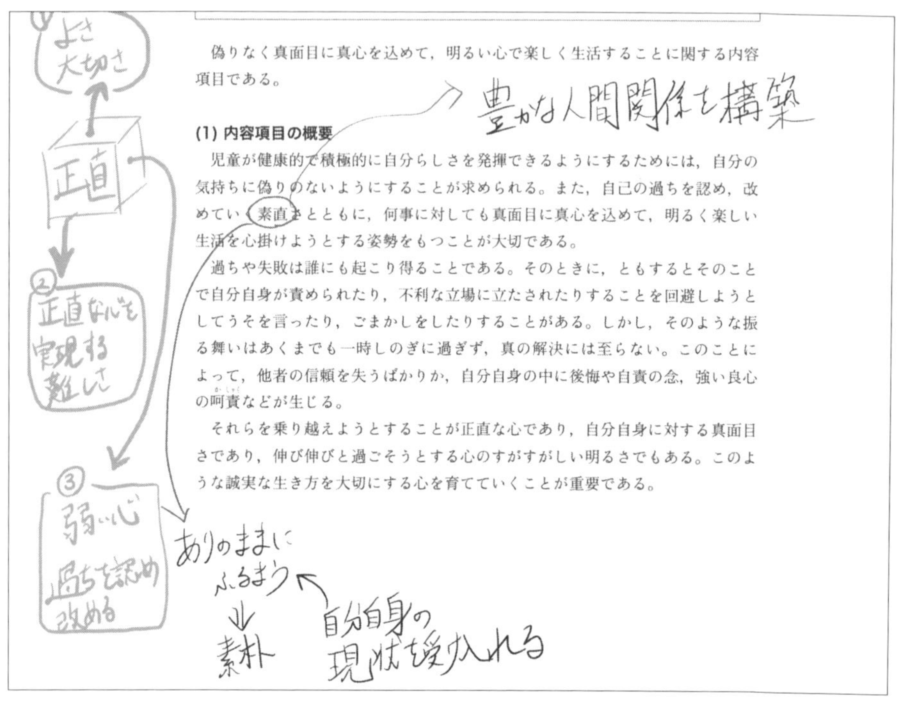

偽りなく真面目に真心を込めて，明るい心で楽しく生活することに関する内容項目である。

(1) 内容項目の概要

児童が健康的で積極的に自分らしさを発揮できるようにするためには，自分の気持ちに偽りのないようにすることが求められる。また，自己の過ちを認め，改めていく素直さとともに，何事に対しても真面目に真心を込めて，明るく楽しい生活を心掛けようとする姿勢をもつことが大切である。

過ちや失敗は誰にも起こり得ることである。そのときに，ともするとそのことで自分自身が責められたり，不利な立場に立たされたりすることを回避しようとしてうそを言ったり，ごまかしをしたりすることがある。しかし，そのような振る舞いはあくまでも一時しのぎに過ぎず，真の解決には至らない。このことによって，他者の信頼を失うばかりか，自分自身の中に後悔や自責の念，強い良心の呵責などが生じる。

それらを乗り越えようとすることが正直な心であり，自分自身に対する真面目さであり，伸び伸びと過ごそうとする心のすがすがしい明るさでもある。このような誠実な生き方を大切にする心を育てていくことが重要である。

左ページの下部分についてです。ここには概要が書いてあるので，自分なりに言葉の整理を進めておいた方がよいでしょう。

私はiPadのアプリ GoodNotes 5に学習指導要領解説をダウンロードして使っています。学習指導要領解説の余白のところに写真のように解釈を書き込んでいきます。『道徳的諸価値の探究 「考え，議論する」道徳のために』（澤田浩一著，学事出版）や『道徳的価値の見方・考え方 「道徳的価値」の正しい理解が道徳授業を一歩先へ』（赤堀博行著，東洋館出版社）などを参考にして言葉の整理をしています。

これらの作業は最初のうちは時間がかかります。ですが，一度このように書き込んでおくと次から授業をするときにも参照できるのでおすすめです。

教材研究の質を上げるポイント

■ 第５学年及び第６学年

この段階においては，自分自身に対する誠実さがより一層求められる。特にその誠実さが自分の内面を満たすだけではなく，例えば，他の人の受け止めを過度に意識することなく，自分自身に誠実に生きようとする気持ちが外に向けても発揮されるように配慮する必要がある。そのことが，より明るい心となって行動にも表れ，真面目さを前向きに受け止めた生活を大切にすることで自己を向上させることや自信にもつながっていく。

指導に当たっては，一人一人の誠実な生き方を大切にしながら，みんなと楽しい生活ができるようにしていくことが大切である。一方で，よくないことと知りつつも自分の意に反して周囲に流されてしまうことや傍観者として過ごしてしまうことは，決して心地のよいものではなく，後ろめたさから，誇りや自信を失ってしまうことにつながることを考えられるように指導することが必要である。

31

最後に右ページについてです。こちらには，発達段階ごとの詳しい解説が載っています。実は，どの項目，どの学年も２段落で構成されていることをご存じでしょうか。

１段落目は，「この段階においては」という出だしで書かれています。内容項目に関わるその学年の実態について解説してあります。この実態の部分を読みつつ，クラスの子の実態に照らし合わせてみてください。２段落目は「指導に当たっては」という出だしで書かれています。つまり，授業の際にはどのようなことに留意すればよいかということが載っているわけです。これらの見開きを読み込んでから教材研究をするとスムーズにできます。

ポイント
- 学習指導要領解説に自分なりに考えたことをメモする
- 教材研究の際には，学習指導要領解説に立ち返る習慣をつける

07 共同教材研究～研修からの気づき～

教材研究のやり方がわからない。そのような声は校内からもよく聞こえてきます。実際に校内で行った教材研究の研修について紹介します。詳しい中身については２章もあわせて読んでもらえたらと思います。まずは，研修の様子をどうぞ。

教材研究の研修を開いてみた

ある夏休みの１日。校内の研修で２時間の枠をいただきました。いろいろ迷いましたが，せっかくの機会なので「教材研究の仕方」についての研修を開くことにしました。

この後の２章で解説する「教材研究８STEP」をもとに，参加した教員全員で「二わのことり」について共同教材研究を行いました。

私自身，道徳の研修はたくさん受けてきましたが，「教材研究の仕方」そのものに関する研修は受けたことがありませんでした（校内でも皆無でした)。みなさんはいかがでしょうか。部分的に，「発問のつくり方講座」や「構造的な板書の在り方」といった研修や講座は受けたことがあるかもしれませんが，１から教材研究の仕方そのものを説明した講座はあまり受けたことがないのではないでしょうか。

この後のページでの解説＋２章での解説が校内研修で行ったことになります。ここからは，研修を受けているような気持ちで読み進めてもらえたらと思います。

■ 教材研究を分類すると……

では，校内研修の場で伝えたことをここでお伝えしましょう。

実は教材研究は分類すると４つに分けることができます。『千葉孝司の道徳授業づくり　発問を変える！価値に迫る道徳授業』（千葉孝司著，明治図書）を参考に説明します。

素材研究	教材研究
指導法研究	内容項目研究

これら４つを簡単に説明します。

素材研究とは，教材（素材）そのものについて，教師がどのように感じるかというものです。

教材研究とは，教師目線で教材を読んだときに，子どもたちに「何を考えさせたいのか」というねらいや発問などを考えることを指します。

指導法研究とは，その学習活動などを指します。ICT 機器を使うのか，それとも黒板上でスケール（数直線のようなもの）を使うのかなどを検討することです。

内容項目研究とは，内容項目について教師が理解を深めることを指します。例えば「友情，信頼」の内容項目を扱った教材があったとして，その教材の中では「もともとあった友情を深めているのか」それとも「新しく友達になろうとして友情が広がっているのか」そして，「友情を深めるためには何が必要なんだろうか」など，内容項目について考察していきます。

これらの４つが絡み合って，いわゆる「教材研究」になります。

■ 研修後の気づき

蛇足ですが，私自身，若手の頃は教材研究の意味が全然わかっておりませんでした。放課後に「今日は教材研究で忙しくなるぞ」と言って，実際に行っていたのはワークシートや挿絵の印刷，フラッシュカードの準備などでした。これらは教材研究ではなく，「教材準備」です。

授業においては「教材準備」の時間を減らして，「教材研究」の時間を増やした方が子どもにとっても，教師にとっても圧倒的に豊かな時間になると考えています。

そのため，私は「フラッシュカードはなるべく使わない」「ワークシートは使うとしたら，なるべく同じ型のものを１年間使う」「印刷物はなるべく減らす」ということを意識しています。ここで節約できた時間を「教材研究」の方に回しているイメージです。

さて，研修をしてみたらおもしろい発見がたくさんありました。研修の形としては，１つのテーブルに３～４人に座ってもらい，グループＡは「二わのことり」を低学年で行うとしたらどうするか。グループＢは中学年で行うとしたらどうするか。グループＣは高学年で行うとしたらどうするか。このような形で実施しました。

まず，第一におもしろかったのは，教師それぞれの視点が違うことです。「二わのことり」は，みそさざい，やまがら，うぐいすの３人（羽）が主な登場人物です。この教材は，みそさざいがやまがらの家に行くのか，それともうぐいすの家に行くのかという迷いが見られる話になっています。なので，みそさざいに着目する展開をよく見かけるのですが，「やまがらはどんな気持ちで待っていたのだろうね」や「うぐいすは何とも思わなかったのかな」などと他の登場人物に目を向けて話し合っている様子が見られました。これは教材を読んで素直にどう思ったかという「素材研究」の段階の話なのですが，着目するところが人によって違うというのはおもしろい話です。

第二に，それぞれの「児童観」や「授業観」の違いがおもしろかったです。私は「二わのことり」は，「友情」が生まれたよい話だなと思って教材を読んでいました。

ところが，人によっては「そもそも，どちらの家に行くのか迷ったことについてはどうなんだろうね。そこを問うてみたい」という意見や，「教材文の中で，みそさざいは，うぐいすの家を『そっと』抜け出したよね。そこにこの教材のポイントがあるのでは」という意見が出て，単純なよい話ではないということに気づかされました。

第三は，学年が違えば，授業の構成や問い方も変わってくるということです。先ほどの鋭い意見は，おもしろいけれど１年生相手にそのまま発問として投げかけると，恐らく１年生の子にとっては難しすぎるでしょう。ですが，大人の思考に近づいてくる６年生に投げかけるとどうでしょうか。６年生なら，「困っている人がいるなら迷わずそっちに行ったらよいのでは」「いや，それはわかっていても悩んだんじゃないかな」と話し合いで意見がたくさん出てきそうです。

毎回，複数の人で教材研究をすることは時間の都合もあり難しいでしょう。ですが，同じ学年の人に「次の道徳の授業では，どんな発問をする予定ですか？」と聞いてみるのはおもしろいと思います。あなたが考えもしなかった視点で発問や授業の流れを考えていることもありえるからです。そもそも１つの教材についてワイワイ話すのはおもしろいので，ぜひやってみてください。

ポイント

- **教材研究は分類すると４つに分けられる**
- **複数で教材研究を行ういろいろな視点で教材を見られる**

Column 1

GIGA 端末と道徳と私

GIGA 端末が導入されてから数年が経ちました。みなさんは道徳の授業の中で，GIGA 端末をどのくらい使っているでしょうか。

正直に告白します。私は道徳の授業の中では GIGA 端末は数えるほどしか使っておりません。以下，その理由です。

①「GIGA 端末を使った学習に慣れる」という意味においては，道徳にこだわる必要はない

②45分の授業の中で，機器トラブルが生じると挽回が難しい

③ GIGA 端末だと，子どもが表現したい「図」を表現することができない

①について。道徳の時間は年間35時間しかありません。慣れるという意味においては，あえて道徳の時間である必要はないと考えています。

②について。道徳の授業は45分間でいかに「広げたり」「深めたり」できるかという時間との勝負があります。機器トラブルが生じて，そこにエネルギーを割くのはもったいないと感じています。

③について。これが最大の理由です。本書の中にも何度か登場していますが，子どもたちは図で考えるのが大好きです。現状の GIGA 端末だと図で表現するのが難しいのです。

以上の理由から，道徳では，GIGA 端末をあまり活用していませんでした。

ですが，使いたいという思いもたくさんあります。これまでに，アンケートをとって結果を提示したり，自分の考えをロイロノート・スクール上のカードに記入して提出したりという使い方はしてきました。

アナログでいくのか，デジタルを活用するのか……これは今後，どの教科でも考えていかなければいけないテーマになると思います。

なぜ GIGA 端末を使って授業するのか。なぜ使わずに授業するのか。その理由を自分の言葉で語れるようにしておきたいものですね。

2章

教材研究
8 STEP

01 教材研究８STEP

教材研究には流れがあります。ここでは，その流れを８つのSTEPに分けることでわかりやすく解説していきます。
ひとまず教材研究の流れを見ていきましょう。私の好きな料理に例えて説明していきます。

教材研究は料理に似ている

ここでは，私が行っている教材研究の８つのSTEPを紹介していきます。８つのSTEPとしましたが，実際には手順が前後することもあることはご了承ください。

では，さっそくですが８つのSTEPを見ていきましょう。

STEP１　教材を読む
STEP２　内容項目のイメージを広げる
STEP３　ねらいを定める
STEP４　発問を考える
STEP５　問い返し発問を考える
STEP６　学習活動を組み込む
STEP７　板書計画を立てる
STEP８　導入・終末を考える

８つのSTEPはこのようになっております。実はこれらの８つのSTEPは料理をつくるときの手順と似ています。

■ 教材研究は料理の手順と同じ

さて，みなさんは料理をよくする方でしょうか。私自身は結婚してから料理をする機会が減ってしまったのですが，料理をすることが好きです。

STEP１～８の詳細については，この後のページで詳しく解説するとして，大まかな流れを料理（カレーライス）に例えて説明していきます。

STEP１「教材を読む」について。これは，素材研究の部分に当てはまります。料理に言い換えると「材料を知る」ということになります。例えば，カレーライスをつくるとして，「材料」に何を使おうかなと頭を悩ませますよね。「素材」のよさを引き出すための味つけはどんなものだろうか。そもそもこの「素材」にはどんな栄養が入っているのだろうか。下処理は何かいるのだろうか。これらの全てが素材研究に当てはまります。

要するに教材研究もいきなり発問を考える前に，下準備となる素材研究が大切ですよという話です。

STEP２「内容項目のイメージを広げる」について。これは，カレーライスそのものについての研究に当てはまるでしょうか。カレーライスといっても，甘口，辛口などいろいろなタイプがあります。今回はどんなタイプなんだろうかとイメージを広げていく作業に当てはまります。

STEP３「ねらいを定める」について。料理をするときも誰に提供するかによって，味を変えますよね。うちの家族は甘口が好きだからハチミツを入れてみようだとか。旦那は辛口が好きだからスパイスを足してみようだとか。「どんな味の料理を提供するか」これがねらいを定めるということです。クラスの子の実態を思い浮かべて適切なねらいを設定したいものです。

STEP４「発問を考える」について。これは，どんな料理にするかに当てはまるでしょうか。今回はカレーライスをつくる前提で話を進めていましたが，にんじん，じゃがいも，玉ねぎがあったら場合によってはシチューとして提供した方がよい場合もあるかもしれません。発問で授業の方向性が決まってきます。

STEP 5「問い返し発問を考える」について。問い返し発問は，隠し味に似ています。目立って表に出てくるものではないですが，あるのとないのとでは，料理の味に大きく差が出てきますよね。隠し味は深みを出してくれるものです。問い返し発問も同様で，子どもたちの思考を深くしてくれるものだと考えています。用意していても使わないときもありますが，用意しておくと，授業の質が変わってきます。

STEP 6「学習活動を組み込む」について。これは「盛りつけ方」に当てはまります。同じ料理でも，どんな盛りつけ方をするかによって，食べる側のテンションが変わってきますよね。これは，学習でも大切なところです。同じ発問，授業の流れだとしても GIGA 端末を使って行うのか，それとも役割演技を入れていくのか……子どもたちの思考の働かせ方は180度変わってきそうです。素材に合う盛りつけ，つまり，教材に合う学習活動を組み込んでいきたいものです。

STEP 7「板書計画を立てる」について。こちらは「盛りつけの器」です。STEP 6と同様に，同じ料理でもお皿が違うと料理が違って見えてきます。教材研究のときに，どんな板書をするかという計画を立てておいた方がよいでしょう。ただし，計画に固執しすぎるのではなく，臨機応変さは求められます。

STEP 8「導入・終末を考える」について。これは，メインとは外れますがウェルカムドリンクやデザートの役割を果たします。料理だって，おいしいウェルカムドリンクが出てきたら期待が高まりますよね。そしてさわやかなデザートで締めくくられると，よい印象となります。導入や終末はメインではないけれど，メインをひきたてる大切な役割があります。

ここまで教材研究を料理に例えてきました。おいしい料理をつくろうと思ったら「味をどうするか」だけではなく，トータルで考えていかなければおいしくなりません。これは教材研究も同じです。「発問」だけ，「板書」だけ，よい方法を見つけるのではなく，トータルで考えていく必要があります。

■ 教材研究，授業づくりは流れを大切にする

さて，下の図をご覧ください。拙著『おもしろすぎて授業したくなる道徳図解』にも掲載したものです。

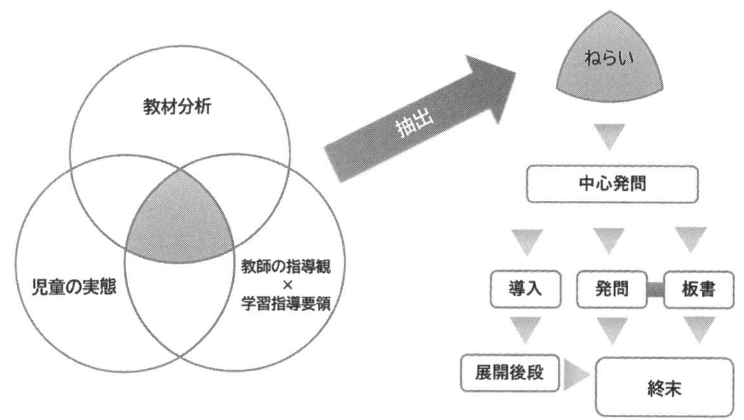

本書では，教材研究ではどのようなことをするのかをわかりやすくするためにSTEPという形で示しましたが，実際には，ねらいさえ抽出できたら，あとは自分のやりやすい手順で教材研究を進めていけばよいと考えています。

私自身も最初の頃は指導書のままの授業をしていました。その後，少しずつアップデートを重ねながら今のスタイルにたどりつきました。自分なりのスタイルが見つかってくると教材研究のスピードが速くなり，そして楽しくなってくるので，試行錯誤してみてください。

ポイント
- 教材研究には８つのSTEPがある
- 教材研究の自分なりの手順や方法が見つかれば楽しさが倍増する

02 STEP 1　教材を読む

さて，教材研究の始まりです。まずは，教材を素直な感情で読み進めていきましょう。この段階では，「発問」のことや「授業の流れ」のことはうっすらと考える程度で大丈夫です。教材文そのものを楽しんでみてください。

■ 素直な気持ちで読み進める

まず，教材文を一読するときは「何を発問にしようかな」というところまでは考えなくても大丈夫です。「よい話だな」「このとき，主人公はどんな気持ちだったのかな」「この話の中のどこに親切なところが出てくるのかな」と素直に読んでいければ，それでよしです。

素直に感じたことをメモしておくと「ねらい」や「発問」を考えるときに役に立ってきます。教科書の本文をコピーして周りの余白にメモするもよし，教材研究用のノートにメモするもよしです。

「一番心が動かされたところはどこか」ということも確認しておくとよいでしょう。あなたの心が動いたということは，子どもたちも心が動く可能性が高いからです。そこを発問にすることができそうです。

私は教材文を読み終えた後，妻に質問するときがあります。「『ロレンゾの友達』って話があってね。ロレンゾのために行動しようとしている登場人物が３人いるんだけど……誰に共感する？」こんな感じで，感想を誰かとシェアすると，自分の考えが広がるのでおすすめですよ。

■ 登場人物の関係性について整理する

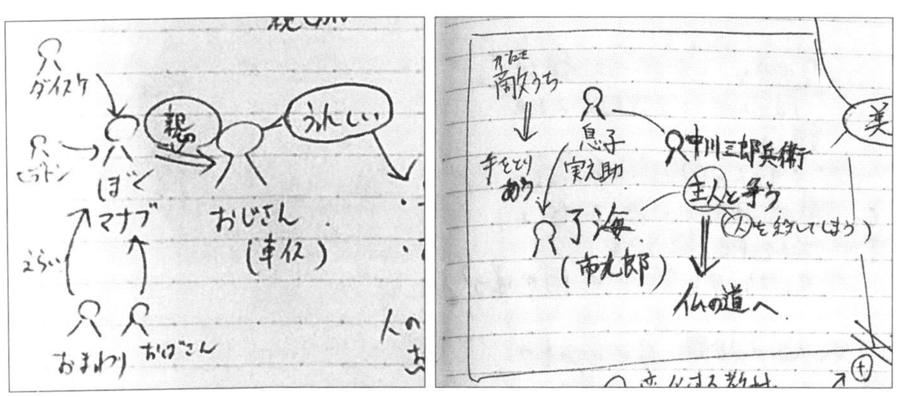

「ええことするのは，ええもんや！」　　「青の洞門」

教材文に複数の登場人物が出てくるときは，それぞれの人物の考えや行動を整理しておくと発問をつくる際にも役に立ってきます。主人公はどの登場人物から影響を受けているのか。どの登場人物と関係性を築いていったのかということもあわせて整理しておきたいポイントです。

左の写真は「ええことするのは，ええもんや！」についてです。この教材は話のメインとしては「ぼく」と「おじさん」の関係性を捉えておけば問題ないのですが，他の登場人物の存在も少なからず「ぼく」の行動や考えに影響を与えています。そこを整理していく必要があるでしょう。

右の写真は「青の洞門」についてです。実之助と了海―というように現代にはなじみのない名前の場合は，どちらがどの行動をとったのかということを整理しておく必要があります。整理できていないと，いざ授業をするというときに，教師自身が迷ってしまい混乱することが起こりうるからです。

人物関係を整理しておくと，そのまま板書や発問に活用することができるのでおすすめです。

共感的活用か批判的活用か

教材を授業で扱うときには，「共感的活用」と「批判的活用」があります。主人公が葛藤してそれを乗り越えるような教材では，「正直に言うかどうか悩む気持ちわかるな。自分もこういうことあるな」と悩みに対して，読者のみなさんも共感することがあるのではないでしょうか。

共感したところに関しては，「この悩みを子どもたちと一緒に考えたいな」とそのまま発問につなげていくこともできそうです。

他にも，感動するような教材では，「どの部分に一番あなたの心が動きましたか？」と感動したところを共感的に聞いていくことができるでしょう。このような教材では，教材を読むときに，教師自身も「どの部分に心が動くか」と自問自答しておきたいです。

ここまで「共感的活用」について述べてきましたが，教材によっては「共感的活用」がしっくりとこないときもあります。教材では「葛藤して乗り越えた」となっているけれど，こんな風に乗り越えることができるのだろうかと読んでいて疑問に思うこともあるかもしれません。その素直な疑問もぜひともメモしておきましょう。その疑問も発問につながってきます。

「教材の中で主人公は葛藤を乗り越えることができたけれど，みんなが主人公の立場なら葛藤を乗り越えることができるだろうか？」このように発問につなげていくことができます。このように批判的に教材を活用することは「人間理解」につながっていきます。「主人公が葛藤を乗り越えたことはすごいことだ。だけど，人間そんなに簡単に葛藤を乗り越えられないよね。自分だったら，諦めてしまうかも……」と自分の弱さに向き合うこともまた道徳の時間には必要なことだと考えています。世の中の出来事は全てが自分の思った通りにいくわけではないからです。

このように教材を読むときは「共感的活用」と「批判的活用」を使い分けながら，教材研究につなげていけたらよいでしょう。

発問につなげていくために

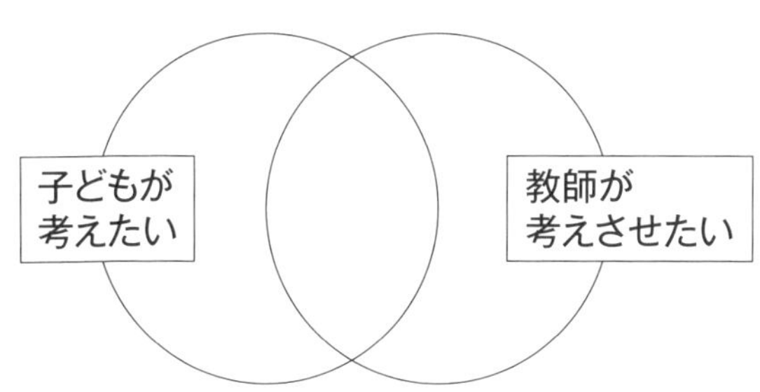

教材を読んだ後は，教師が素朴に感じた疑問などを発問につなげていくわけですが，ここで私が意識しているのが上に示した図です。

教師が大人の目線で考えると，「教材のこの部分を子どもたちに考えさせたいな」とか「ここを話し合わせたら盛り上がるだろうな」と思うところが出てきていると思います。

一方で，子どもたちが教材を読んだときに「ここを考えたい！」「気になる！」というところもあるでしょう。

教師が考えさせたいところだけを重視して発問を考えると，子どもたちの実態に合わず，空回りするかもしれません。逆に，子どもが考えたいところだけを発問にすると，話し合いをするには浅い発問になるかもしれません。

以上より，上図のベン図が重なるところを意識して発問につなげていくことを考えます。教材を読んだときに素直に感じた疑問は大切にしつつも，「子どもたちの実態に合っているだろうか」「子どもたちが考えたくなる発問だろうか」と一度立ち止まって考えることで「発問」という形になっていきます。

ポイント
- 教材は素直な感情で読み進め，話を整理しておく
- 教材の活用方法を知り，発問へのつなげ方を意識する

03 STEP 2　内容項目のイメージを広げる

STEP 2 は「内容項目のイメージを広げる」です。教材研究といえば，思い浮かべるのは，「教材」について，「どのように発問して子どもたちに何を考えさせようか」ということではないでしょうか。「内容項目」という思考の土台も忘れずに……。

内容項目についてどれくらい自分の言葉で語れるか

突然ですが「公平と平等の違いは？」「『善悪の判断，自律，自由と責任』が１つのくくりになっているのはなぜ？」「真理の探究の『探究』って何だろう？」とこれらの質問を投げかけられて答えられるでしょうか。

道徳科の授業においては，「教師の価値観の押しつけ」になることはよくないとされています。ですが，教師が内容項目に関しての考えを全くもっていないという状態も授業をする上でよくないでしょう。なぜなら，上に挙げたような問いについて自分なりに考えをもっていると，子どもたちの思考を広げたり，深めたりするための発問ができるからです。

例えば，公平と平等の違いがわかっていれば，「今のは公平？　それとも平等？」と問うことができます。このように問うことができれば，子どもたちが思わず考え出す姿が見られます。

善悪の判断がつくからこそ，自分で自分のことを律することができるようになり，律することができるからこそ自由になる……このような関係性についても整理しておきたいものです。

■ 学習指導要領解説の言葉を「分解」する

前ページでは,「内容項目」について自分で考えを整理することの重要さについて述べました。内容項目の言葉を整理していくときには,コツがあります。それは「一文を意味の区切りに分けて考える」ということです。

学習指導要領解説に載っている,高学年の「相互理解,寛容」を例に一緒に考えていきましょう。

①自分の考えや意見を／②相手に伝えるとともに／③謙虚な心をもち／④広い心で／⑤自分と異なる意見や立場を／⑥尊重すること

「相互理解,寛容」の言葉はこのようになっています。数字と「／」は私が書き足したわけですが,このように分けると考えを整理しやすくなります。

「自分の考えや意見」となっているので,相互理解するためには,まずは自分の考えや意見も大切にしなければならないということがわかります。何でもかんでも相手に合わせるのがよいというわけではないということですね。

次に「相手に伝えるとともに」となっているので,伝えるだけではだめだということもわかってきます。

その次からが難しいのですが,「謙虚な心をもち」「広い心で」となっているので,どうやらこの２つは似ているようで少し違いがありそうだということが見えてきます。

そして,「自分と異なる意見や立場」となっており,それを「尊重すること」となっているので,同じ立場の人ばかりではなく,違う意見や立場の人も大切にしなくてはいけないというイメージがわいてきます。

このように意味の区切りで一文を分けて,それぞれの言葉の意味合いについて考えると内容項目に対する理解が深まっていきます。

こうやってイメージを広げています

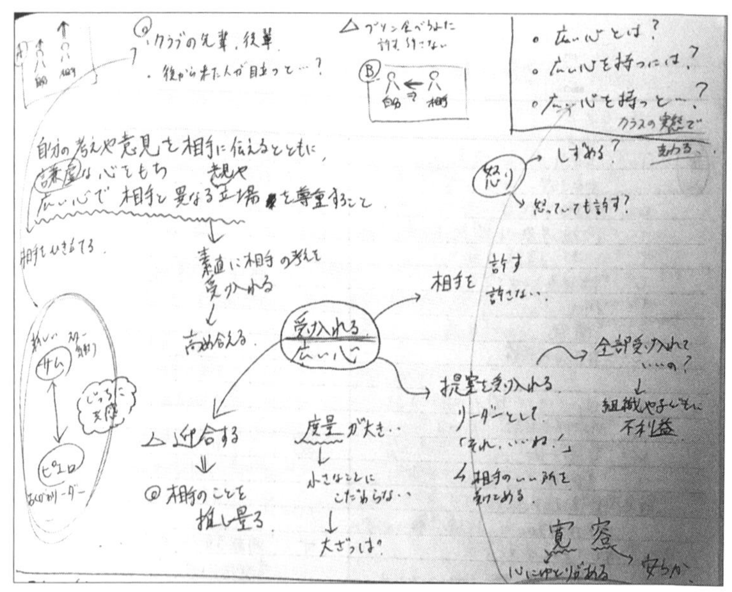

せっかくなので，このまま「相互理解，寛容」の内容項目について見ていきましょう。教材は「ブランコ乗りとピエロ」です。教材を一読した後，内容項目に関するイメージを広げていきます。

まず，先ほど紹介した学習指導要領解説に載っている一文を書き写しておきます。そこから自分の考えたイメージや本で得た知識などもどんどん書き込んでいきましょう。

「相手の考えを受け入れられる」ということは「高め合える」関係性だと考えました。また，受け入れるとは見境なく受け入れて相手に迎合するのではなく，「相手のことを推し量る」ことが大切だと考えました。そして，「寛」は心にゆとりがあること。「容」は安らかなことという漢字のもつ意味もつけたしていきました。このように内容項目に対してイメージを広げていきます。

「リーダーとして提案を受け入れること」は大切……だけれど，「全部受け入れるとどうなるだろうか」それは，「学校の場合だと子どもに対して不利益になるのではないだろうか」と考えを巡らせていきます。

また，広い心から「度量が大きい」というイメージについても考えました。「小さなことにこだわらない」のはよい面も悪い面もある。よい面はおおらかであるということ。悪い面はおおざっぱともいえるということ。このような感じで考えをふくらませていきました。

さて，自分の疑問を書くことも忘れずにやっていきましょう。私は「もし，この話のように『怒り』が出てきた場合は自分の怒りをしずめることが寛容なのか……それとも，怒っていても許すことが寛容なのか……」とそのような疑問をもちました。

子どもたちなら「サム」と「ピエロ」のどちらに共感するだろうなどということもあわせてメモしていきます。

ここまで考えが整理できてくると，子どもたちの実態とあわせると「広い心とは何だろう？」「広い心をもつにはどうしたらよいだろう？」「広い心をもつとどのようなよいことがあるだろう？」などといったテーマにしたいことが浮かび上がってきました。

以上，「相互理解，寛容」を例にして説明してきました。教材研究の中では，内容項目についての考えを整理する時間が一番煩わしい部分かもしれません。しかし，この部分は教材研究の土台になる部分なので力を入れることをおすすめします。また，慣れてくると，自分の「人生観」のようなものが見えてくるので，おもしろいところでもありますよ。

ポイント

- 学習指導要領解説の言葉を自分なりにかみ砕いて整理しておく
- 思ったことはすぐに何でも書く。どんどん書くという気持ちが大切

04 STEP 3　ねらいを定める

さて，「ねらいを定める」というのは，言わずもがなの大切なSTEPです。ねらいを定めるときに気をつけたいポイントはどんなことでしょうか。また，ねらいは，「表のねらい」と「裏のねらい」を考えておくと，授業がワンランクアップします。

ねらいを定めるために「道徳的諸様相」について知る

道徳の授業でねらいを定めるためには「道徳的諸様相」について知っておかなければいけません。以下，用語の意味を『道徳科重要用語事典』（田沼茂紀編著，明治図書），『道徳教育キーワード辞典　用語理解と授業改善をつなげるために』（赤堀博行監修・日本道徳科教育学会編著，東洋館出版社）で確認しておきましょう。

○道徳的判断力：それぞれの場面で正邪や善悪を判断する力

○道徳的心情：道徳的価値の大切さを感じ取り，善を行うことを喜び，悪を憎む感情

○道徳的実践意欲：道徳的判断力や道徳的心情を基盤とし道徳的価値を実現しようとする意志の働き。心構え

○道徳的態度：具体的な道徳的行為への身構え

※道徳的実践意欲と態度はセットで「道徳的判断力や道徳的心情によって価値がある行動をとろうとする傾向性」といいます。

下線部は筆者がつけたしました。「判断する力」「感情」「心構え」「身構え」「傾向性」というキーワードを頭に入れておくとわかりやすくなります。

■ ねらいの抽出方法

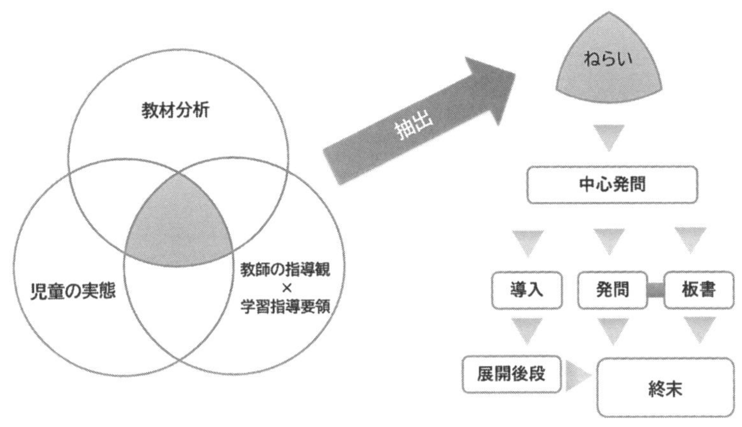

指導案に記述する，ねらいの基本的な構造は「①～について，②～を通して，③～を育てる」となっています。

①は道徳的な価値観についてです。主人公が気づいた価値観などがここに当てはまります。

②は学習活動が当てはまります。例えば，「～の葛藤場面に対する話し合いを通して」「～の役割を演じることを通して」などです。

③は内容項目と道徳的諸様相が当てはまります。「誰に対しても，公平，公正に接しようとする態度を養う」などです。

どれも大切なのですが，特に大切なのが③です。どの道徳的諸様相が当てはまるのかということは，授業を構成する上で大切になってくるからです。

２章「01　教材研究８STEP」でも紹介したのですが，ねらいを定める際は，上図のように考えています。「児童の実態」として，どのようなねらいがふさわしいのか。教材はどのような価値観を扱うものなのか。教師の指導観と学習指導要領解説のすり合わせも必要です。

これらがかけ合わさったところをねらいとして抽出していきます。

■ 裏のねらいとは？

さて，前ページまでは指導案に載せるねらいについて説明してきました。ここまでは「表」のねらいとでもしておきましょう。

ここからは「裏」のねらいについて考えていきます。裏のねらいは授業者として何を達成したいかということです。例えば，以下のような感じです。

○今日の話し合いでは，「○○について」の問い返し発問を起点として，話し合いの段階を一段階引き上げよう→話し合いのさせ方

○全体交流の中で，いつも意見が言えない○○くん。彼が何かしらの考えをもって，自分の考えを出せるような展開にしてみよう→焦点化児童に対しての支援

○ポスターを使って導入をすることによって，真剣に考えるという空気感をつくりだして，展開へとつなげていこう→導入の工夫

これらは一例ですが，教師自身がその１時間の授業をすることで，何を達成したいのかということには目を向けておいた方がよいと思います。

道徳の授業は基本的に１時間で完結します。ということは，授業改善のための PDCA サイクルを回しやすいということもいえるのではないでしょうか。

裏のねらいがあると，授業が挑戦的なものになっていきます。上の例に対してだと，「子どもたちの視点をずらすような発問はないかな」と考えることにつながりそうですし，焦点化した児童が積極的に参加できるように……と授業を構想することは授業そのもののレベルアップにつながりそうです。また，導入の工夫はどうすればよいかと考えることは，日頃の授業づくりへのアンテナを張ることにつながりそうです。道徳の授業は年間35時間しかないので，裏のねらいをもって自身の成長へつなげていきたいものです。

■ ねらいを達成したかどうか

授業にねらいを設定したからには，ねらいを達成できていたかどうかということについては，教師自身が振り返っていきたいものです。

そのために見るものが「子どもの発言」と「ノート」です。「子どもの発言」に関しては，授業を終えてから印象的だったものを教材研究ノートに書き込むなどして記録しておくとよいです。ビデオなどで記録していた場合は別ですが，そうではない場合はすぐに思い返しておかないと，どんどん記憶が薄れていってしまいます。

さて，発言やノートの何を見るのかということですが，私の場合は，「私が想定していた発言が出ていたかどうか」について確認します。想定していた発言が出てきていたら，ひとまずはねらいを達成したといえるでしょう。

ですが，想定しているものが出てきているだけでは少々ものたりないとも感じてしまいます。私が想定したものの斜め上をいくような発言が出ているのかということもねらいを達成したかどうかの基準として見ていきます。子どもたちの発想は大人と比べてもやわらかいものがあります。私の想定を超えるような発言が出ることもしばしばあります。そのようなときは授業をしていて本当に楽しく感じるものです。

このように，ねらいを達成できているのか，できていないのかを確認することが，次の教材研究へとつながってきます。もし，達成できていないとするなら，ねらいの設定がよくなかったのか，それとも学習活動が合っていなかったのか，それとも……と頭を働かせていき改善していきたいものです。

ポイント

- 道徳的諸様相や子どもの実態を考えて「表」のねらいを抽出する
- 「裏」のねらいをもつことで，授業者自身のレベルアップにつなげる

05 STEP 4　発問を考える

いよいよ教材研究のメインである，「発問を考える」の STEP です。発問次第で子どもたちの話し合いの深さや広さが大きく変わってくると言っても過言ではありません。さて，どのようにして発問を考えていくとよいでしょうか。

道徳における発問とは？

いよいよ，教材研究のメインでもある「発問を考える」のところにきました。ここを詳しく知りたい方も多いのではないでしょうか。

さて，発問を考える……その前に「発問」と「質問」の違いを理解しておかなければいけません。

例えば，「昨日の夜ごはん，何を食べましたか？」と問うとしましょう。これは質問に当たります。「あなたはどの食べ物が一番好きですか？　その理由は何ですか？」と問うとしましょう。これは発問に当たります。

２つの違いがわかるでしょうか。前者は事実を聞いています。後者はその人の好みと理由を聞いています。ここが質問と発問の違いです。

授業の中で「登場人物は誰が出てきましたか？」や「この場面では，主人公は何をしましたか？」と聞いているところを見かけます。これらは事実を聞いているので質問に当てはまります。道徳の授業は話し合いを通して子どもたちの思考を広げたり深めたりする時間です。質問していると時間がもったいないので，質問は削れるように工夫していきたいものです。

■ 発問の種類について知る

「発問には大きさがあることを心得ておきます」。永田繁雄氏の言葉です。『考え，議論する道徳をつくる新発問パターン大全集』（明治図書）に以下のような図が紹介されています。

場面を問う……教材中の人物の気持ちや行為の理由などを問う
人物を問う……教材中の登場人物の生き方や行為の在り方などを問う
教材を問う……教材のもつ意味を問い，教材についての意見をもたせる
価値を問う……主題となる価値や内容について，直接問う

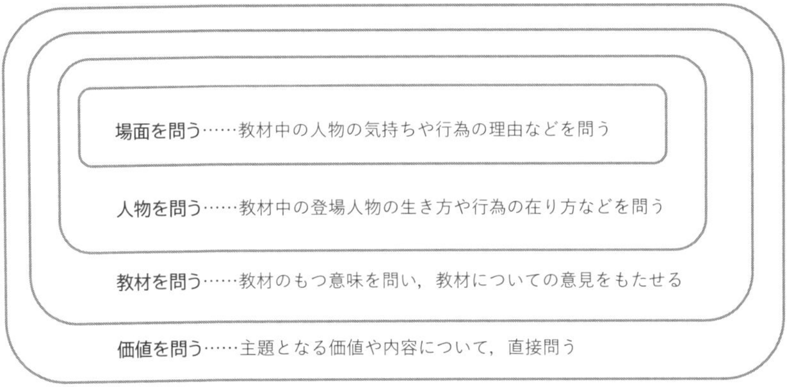

図：登場人物や教材についての「発問の大きさ四区分」

さて，このように発問の大きさを４つに分けたとき，みなさんはどの発問をよくしているでしょうか。「場面を問う」という発問をすることが多いのではないでしょうか。中でも特に登場人物の心情に関する発問はよくされていることだと思います。ですが，ここは少し立ち止まって考えたいところです。

「読み物の登場人物の心情理解のみに偏った形式的な指導が行われる例があることなど，多くの課題が指摘されている」

「小学校学習指導要領解説　特別の教科　道徳編」の中の一文です。ここに出てきているように，心情理解に偏った発問をしていて，子どもたちは道徳性を身につけられるのかというところに疑問が出てきます。

「○○の気持ちを考えよう」「○○はどんなことを思ったのだろう」だと，その登場人物の気持ちや思ったことは考えられるけれど，「価値観」や「生

き方」にまで目を向けることは難しいからです。

そこで，「○○に気づいた主人公は今後，何を大切にして生きていくのでしょう？」と，教材を足がかりにして生き方を問う発問をしてみる。あるいは，「あらためて考えると，友情を大切にするとはどのようなことでしょうか？」と価値観そのものを問うということも必要になってくるでしょう。

ここで気をつけたいのは，クラスの子の実態です。低学年の子にいきなりテーマ型発問と呼ばれるような価値を問う発問をすると答えるのが難しいことが多々あります。そこで，「場面→人物→価値」のように，だんだんと図の外側に向かっていくように発問をすると子どもたちも考えやすいのではないでしょうか。

■ 内容項目ごとに発問を考える

〈内容項目ごとの発問例〉

A
○主人公にはどのような迷いがあったのでしょう？
○主人公はどのようにして迷いを乗り越えたのでしょう？
○主人公は今後，何を大切にして生きるでしょう？
○もしも，自分が主人公ならどのように考えるでしょう？

B
○演技をしてみて気がついたことは何でしょう？
○AとBのどちらの考えに共感できるでしょう？
○この場面のAとBの気持ちの高まり度合いはどうでしょう？
○AがBの立場ならどう考えるでしょう？

C
○～をするとよいと考えたのはなぜでしょう？
○～をしないためにはどうしたらよいのでしょう？
○AとBのやりとりを見ていた他の人はどう思ったでしょう？
○（価値観）を大切にするとどんなよいことがあるのでしょう？

D
○どの場面に一番心を動かされましたか？
○その言葉にはどのような願いが込められていたのでしょう？
○この教材から，あなたが学んだことは何でしょう？
○自分の生き方に取り入れたい考えはあるでしょうか？

最後に内容項目ごとに発問の傾向を考えてみましょう。

Aの内容項目は「主として自分自身に関すること」です。つまり，発問も自分自身＝主人公にスポットを当てて考えていくとわかりやすいと考えています。前ページで記した「場面→人物→価値」という流れを意識すると発問を考えやすくなると思います。

Bの内容項目は「主として人との関わりに関すること」です。つまり，発問では主人公だけではなく，登場人物にもスポットを当てていくことを意識して考えていきます。「主人公の考えを問う」「他の登場人物の考えを問う」など立場を変えて問うことも必要となってくるでしょう。Bの内容項目は人との関わりが出てくるので役割演技とも相性がよいですね。

Cの内容項目は「主として集団や社会との関わりに関すること」です。つまり，主人公（自分）や登場人物（相手）にスポットを当てるだけでは不十分になってしまうこともあります。「集団の中にいる自分」という捉えでいくのか，そもそもの集団の中で過ごすことの価値観に迫っていくのか……どのような発問をするのかは悩みどころです。

Dの内容項目は「主として生命や自然，崇高なものとの関わりに関すること」です。Dの内容項目は対象が人ではない場合もあります。ここでは，「心が動くところ」と教材全体を通して考えていくか，教材がもつメッセージ性を捉えていくような発問を意識していきます。

ここで挙げたのは，あくまでも１つの傾向なので，参考程度に考えてもらえればと思います。中心発問を練るときには，即答できるものではなく，子どもたちが悩むような発問をするというのが，１つのコツです。答えるのに悩む発問だからこそ，対話の必然性が生まれてくるからです。

ポイント

- **発問の大きさを知り，心情理解の発問に偏らないようにする**
- **内容項目ごとにマッチした発問があるので，そこを意識して考える**

06 STEP 5　問い返し発問を考える

中心発問やそこに向かう発問が決まったら，授業としてはほぼ完成したといっても問題ないでしょう。ただし，今から紹介する問い返し発問があるかないかで，子どもたちの思考の「広がり」や「深まり」が変わってきますよ。

サラサラ流れる授業

「問い返し発問」をご存じでしょうか。子どもが発言したことに対して，「なるほど。～な場合はどうでしょうか？」や「だとしたら，どんなときも当てはまるのかな？」などと問い返すことを「問い返し発問」と呼びます。

とある研究授業を参観したときの話です。指導案を見てみると授業の流れがおもしろそうで，ワクワクしながら見に行きました。そのクラスの子どもたちは前向きに学習しており，授業もテンポよく展開されていました。ただし，この授業を参観した後に少しものたりなさを感じてしまったのでした。

子どもたちが「親切は～だと思います」と言えば，教師は「なるほど」と言い板書する。「ぼくは～だと思います」と言えば，それを板書する。とうとう授業の終わりまで「問い返し発問」は１回も出てきませんでした。

一見するとサラサラ流れてテンポのよい授業という風に目に映るかもしれません。しかし，「問い返し発問」が全くないというのは，「広がり」や「深まり」が少ないので，寂しく感じてしまいます。

■ 問い返し発問はどうやって考えていくのか

まず，やるべきこととしては，授業の中で子どもたちに一番考えさせたいところを明確にします。いわゆる中心発問のことです。

中心発問について，子どもたちが答えるであろうことを想定していきます。それに対して，子どもたちの思考を「広げたり」「深めたり」できるような問いを考えていきます。STEP 1のところで，「教師が素朴に感じた疑問を発問につなげていく」と述べました。一例を紹介しましょう。

6年生の教材に「ほんとうのことだけど……」というものがあります。

〈あらすじ〉校内行事を知らせるかべ新聞のトップ記事におもしろいことを書こうとするなつみ。「自由に考えていいんでしょ」と人の失敗を嘲るような記事を載せようとしますが……。

ここで，私なりに疑問を書いていきました。

○おもしろさを優先することはダメなことなのか？

○特定の人に迷惑をかけなければよいのか？

○最初から先生が「自由に書いていいよ」ではなく，「人が傷つくことは書きません」と言えばよかったのでは？

これらの疑問はそのまま発問につながるとは限りません。ですが，子どもの発言によっては，問い返し発問として問い返す展開もあるかもしれません。

C「自由に書くといっても，人に迷惑をかけることはダメだと思う」

T「記事にされる人が不快に思わないように書くのだったらいいかな？」

C「いや，記事を見ている人も嫌な気持ちにならないようにしないとダメ」

T「おもしろいことはおもしろいこととして……事実として書くのはダメかな？」

C「事実よりも，人のことを思って書く。それが責任をもつということ」

このように問い返し発問として，授業の中で疑問が発問へとつながっていきました。教師の疑問は「発問になったらいいな」くらいの心構えで授業に臨むのがちょうどよい姿勢だと考えています。

問い返し発問のタイプ

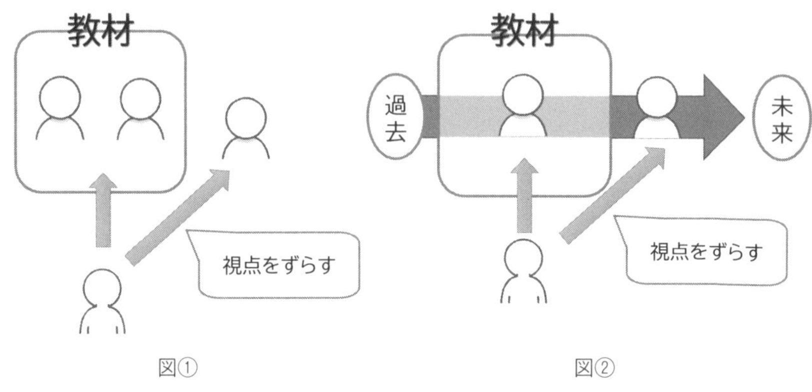

図①　　　　　図②

問い返し発問をつくる際のさらなるコツをお伝えしましょう。それは「視点をずらす」という技です。

図①について。授業では，教材を読んだ後，教材に関することを問うことが多いと思います。ここで，子どもたちの思考を広げるために，あえて教材に出てこない人物（あるいは出てきているけれど，描写が少ない人物）にスポットを当てて問い返し発問をしていきます。

例えば，４年生の教材に「フィンガーボール」というものがあります。そこで，「女王様はどのような思いから，フィンガーボールの水を飲み干したのでしょうか？」という発問をしたとしましょう。子どもたちは「お客さんに恥をかかせないため」などと答えます。「でも，それは本来のマナーに反するのでは？」などと問い返しながら授業を進めていくことになると思います。

ある程度，話し合いが進んできた段階で，「もしも，間違えてフィンガーボールの水を飲み干したのがお客さんではなく，家来だとしたらどうしていたと思う？」と視点をずらすような発問を入れてみます。すると，子どもたちは「家来だとしても，同じようにしたのかな……」「家来だとしたら，口で注意したのでは」と考えていきます。そこからさらに,「お客さんは外国から来ているから,この国のマナーを知らないのかも」「お客さんだからこそ,もてなす気持ちがいるのでは」と思考が一段階深くなっていきます。これが,登場人物の視点をずらすという意味です。

図②について。「時間軸の視点をずらす」についてです。「お話の中で主人公はどんなことに気がつきましたか？」とこのような発問をすることがあると思います。そこで,子どもたちは「親切にすることは,全て助けるのではなく,見守ることが大切なときもあるということ」と答えます。「今,みんなが言ってくれたことに気がついた主人公は,このお話の後,どのように変わっていくでしょうか？」と問い返していきます。これが時間軸をずらすということです。今の行動や気づきから未来の行動がどのように変わるかを問います。子どもたちは「今後も相手の立場に立って親切にしようとすると思います」「それでも,どうやって親切をするのか迷うことがあるかもしれません」と自分なりに考えを働かせていきます。

この２つの問い返し発問に共通していることがあります。それは教材の枠を出ている分,自分の経験で話すようになるということです。教材「文」には考えるヒントがない分,自分の経験から考えて答えようとします。つまり,自分事として考えていくということです。教材の中の主人公視点でどっぷりと考えるのもよいですが,このように人物の視点をずらしたり,時間軸を未来の方へ向けたりすると思考の幅が広がって授業が楽しくなりますよ。

ポイント

- **自身の疑問を書き出していき,問い返し発問につなげていく**
- **「視点をずらす」ということを意識してみる**

07 STEP 6　学習活動を組み込む

教材の分析が終わり，発問が決まってきたら，次は学習活動を組み込んでいきます。発問が最大限に活かされる展開になるのか，それとも話し合いがしぼんでいくのかは，どのような学習活動を組み込むかによって決まってきますよ。

■ 学習活動を適切に組み込めているか

低学年の授業を観に行くことがありました。子どもたちは一生懸命に座って友達の話を聞いています。20分経ち，30分経ち……とうとうそのまま，座ったまま授業が終わりました。真剣に話し合いに参加している子もいる中で，体をよじらせて話を聞いている子，手遊びをしている子，横を向いて話が聞けていない子などいろいろな子がいました。

さて，なぜこのような状況になったのでしょうか。いろいろな説がありますが，子どもの集中力は「年齢＋１分」と聞いたことがあります。つまり，どんなに集中できる子でも，10分や15分くらいの時間が経つと集中力が切れてくるのですね。

では，集中力を切らさないようにするためにはどうすればよいのか。その答えが「学習活動を組み込む」にあります。

適切な学習活動を組み込んでいくと，子どもたちの集中力を持続させることが可能です。先ほどの例だと「全体交流」しか学習活動が組み込まれていなかったので，子どもたちの集中力に限界がきてしまったのでした。

■ 学習活動は「静」と「動」の組み合わせで成り立っている

学習活動には，大きな動きを伴う「動」のものと，比較的静かに学習を進めていく「静」のものがあります。

〈「静」の学習活動〉

○教材を読む，範読を聞く

○１人で考えを書く

○ GIGA 端末に考えを入力する

○（全体交流）……etc.

〈「動」の学習活動〉

○ペアトーク

○グループトーク

○うろうろトーク

○役割演技，動作化……etc.

ざっくり分類するとこのような活動があるでしょうか。

この中で「静」の活動に偏ってしまうと……先ほど挙げた低学年の例のように，集中力が切れる子が続出してしまいます。

逆に「動」の活動を多く入れた場合はどうなるでしょうか。絶えず，友達と対話をしたり，自分の考えを演技として表出したりしている「動」の学習活動は集中力が切れるということは少なそうです。しかし，「動」の学習活動ばかりだと，自分でゆっくりと考える時間が確保されているとは言い難いです。道徳の時間では人と対話するのと同じように，自分と対話する時間―「自己内対話」の時間が大切になってくるのです。自分と向き合い，自分の考えを整理するからこそ，自分の生活へと活かしていくことができます。

さて，「静」の学習活動の全体交流のところをあえて（全体交流）としたことに気づかれたでしょうか。全体交流はさせ方によって，「静」にも「動」にもなると考えています。１人が発表するのを聞いて，次の子が発表するまで待ってを繰り返す……という方法なら大部分の子は聞いているだけなので「静」の活動になります。時折，全体に向けて問い返していくことや，ペアで話す時間を設けて「動」の時間となるように仕向けていきたいものです。

■ こんな学習活動はいかが？

さて，ここからはいくつか学習活動を紹介していきます。「ねらい」や「発問」に応じて，取り入れられそうなものを活用してみてください。

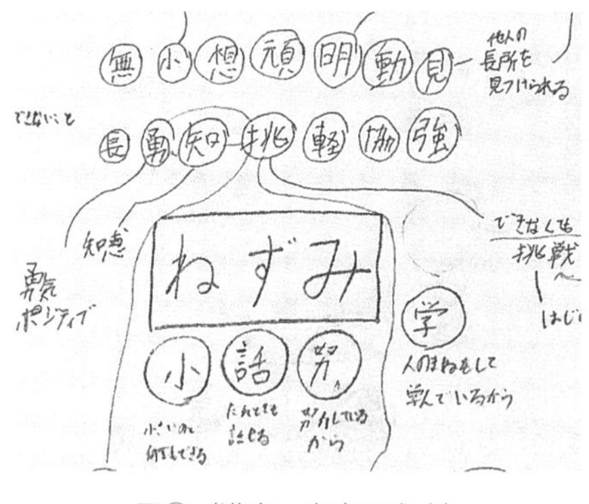

図①〈漢字一文字で表す〉

図②〈役割演技×ワークシート〉

図①は主人公の個性について漢字一文字で表す活動です。これは「静」の活動です。「漢字辞典を使ってもいいよ」と伝えていたので，子どもたちはどんどん調べながら考えを巡らせていました。また，漢字を思いついた後に，その漢字にした理由を立ち歩いて交流する「うろうろトーク」をさせたり，黒板に書きにきてもらうという「動」の活動をさせたりすると，静と動のバランスをうまくとることができます。

図②は役割演技の中身をワークシートに書き記す活動です。葛藤の中身をエンジェルとデビルで表して書いていきます。「実際に役割演技をしたら書き足す」という風にしていくと，思考が広がっていきます。

なお，役割演技は動きが出てくるので，子どもたちもリフレッシュされて「また考えよう」という気持ちになり，おすすめの活動です。低学年だけではなく，中学年や高学年でも入れていきたい活動です。

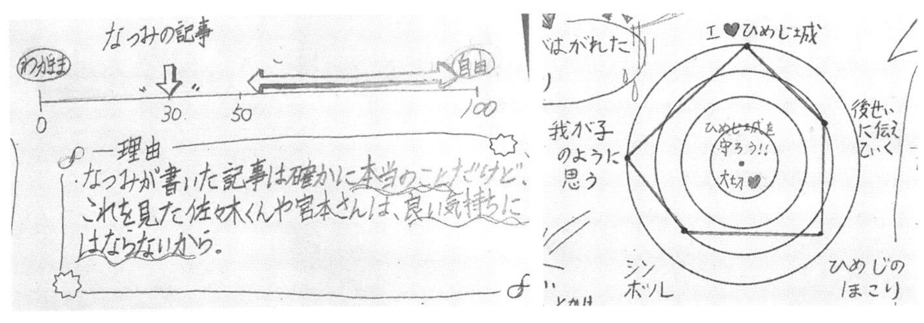

図③〈数直線〉　　図④〈レーダーチャート〉

図③は自分の考えを数直線で表す活動です。写真は「ほんとうのことだけど……」という教材の授業の際に数直線を用いて，自分の考えを示す活動をした様子です。なつみが書いた記事は「わがまま」なのか「自由」なのかどちらに当てはまるのかを理由をもとに数直線で表す活動をしました。数直線で表すことによって，友達と意見の比較をしやすくなります。

図④はレーダーチャートで自分の考えを表す活動です。「天下の名城をよみがえらせる　—姫路城—」という教材の中で，「姫路の人たちが姫路城を残そうとしたのは，どのような思いがつまっていたからでしょうか？」という発問をして，そこで出てきた５つの要素をレーダーチャートで表しました。「I love 姫路城」「（姫路城を）後世に伝えていく思い」「（姫路城は）姫路の誇りである」「（姫路城は）シンボルである」「（姫路城を）我が子のように思う」という５つの要素が全体の話し合いの中で出てきました。その中でどの思いが強かったのかについて個人で考え，レーダーチャートを作成し，また全体で交流しました。学習活動をどのように組み込むかで，話し合いの活発さが変わってきますよ。

ポイント
- **学習活動の組み合わせは「静」と「動」を意識する**
- **学習活動は発問とセットで適切かどうかを考える**

08 STEP 7　板書計画を立てる

さて，ここまでくると教材研究は完了したも同然です。最後の仕上げとして，板書計画を立てていきましょう。板書はいろいろな書き方があります。教材に合った方法，自分のやりやすい方法を見つけられるとよいですね。

■ 板書は縦書きか横書きか

さて，道徳の板書は縦書きがよいのでしょうか。それとも，横書きがよいのでしょうか。結論からいうと「どちらでもよい」ということになります。

国語の授業ですと，教科書の文章を根拠に自分の考えを話し合いますので，教科書に合わせて「縦書き」の方がよいでしょう。

一方で，道徳の授業では教材を読んだ後，根拠となるのは「自分の経験」になります。つまり，文章を読んで考える場面は少なくなりますので，必ずしも「縦書き」である必要はないのです。

さて，以上を踏まえた上で，私は板書を「横書き」で書くことが多いです（まれに縦書きを使っています）。それは，なぜかというと，「横書きは図と相性がよい」からです。例えば，矢印で考えと考えをつなぐときには，横書きにしておいた方が，黒板を横に広く使うことができます。他にも等号不等号のような記号を使う際にも，横書きの方が算数と同じように使えるので自然ではないでしょうか。以上の理由から横書きを使っていますが，使いやすい方を使っていただいて問題ありません。

■ 板書のおおまかな配置を決めておく

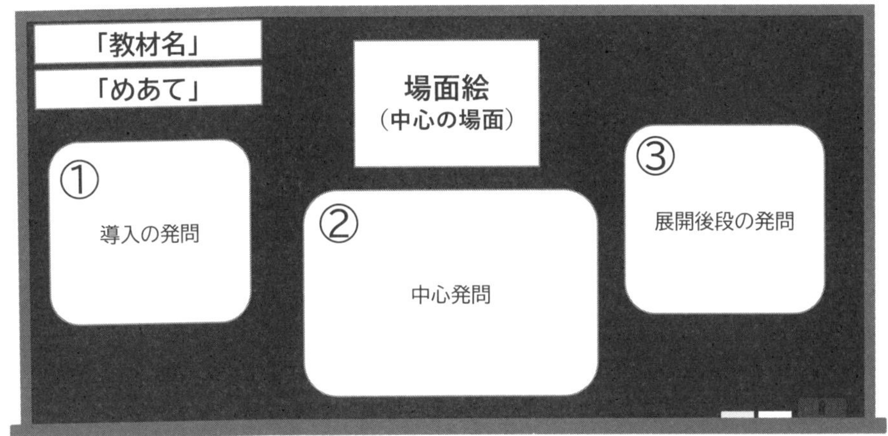

板書計画を立てる段階になりました。難しく考える必要はありません。端的に考えると，①～③の要素で構成されているのではないでしょうか。

①は導入の発問です。教材を読む前に子どもたちの経験や価値観を問い，①のスペースに板書していくようにします。②は中心発問に対する子どもたちの考えを書くスペースです。このスペースは学習活動によって形を変えることがあります。③は展開後段の発問のスペースです。教材を読んであらためて考えたことを書くスペースです。

以上，板書は基本的に３つの要素から成り立っています。この３つの要素をベースに板書計画を立てていきます。例えば，数直線で表す活動を入れる場合は場面絵の代わりに数直線に変えれば板書計画として成り立ちます。比較したい場面がある場合は，場面絵の枚数が２枚になったり３枚になったりするわけです。

このように，ベースをもとに少しアレンジしていくという感覚で計画を立てていくと，板書計画を立てる難しさは薄れるかもしれません。

■ 板書計画と実際の板書

〈板書計画〉

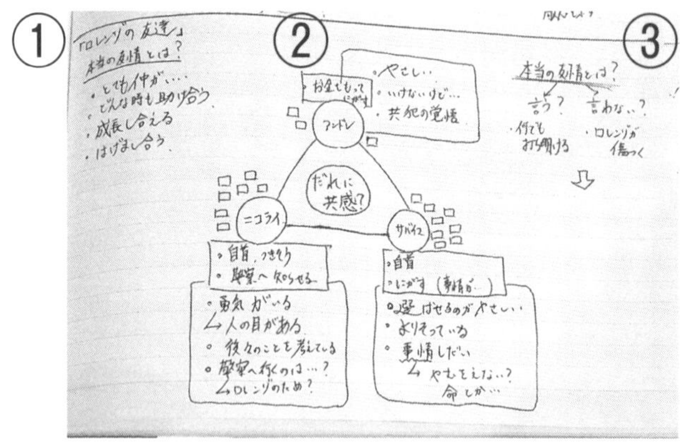

前ページの説明に準じて
①導入の発問
②中心発問
③展開後段の発問
という構成になっています

〈実際の板書〉

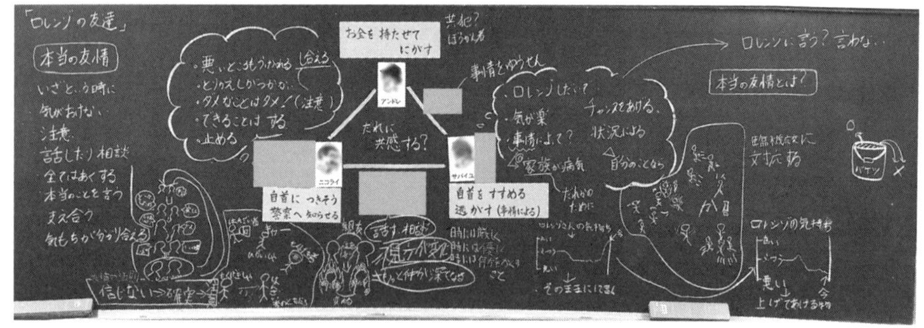

「ロレンゾの友達」の板書です。板書計画と板書を見比べてもらえたらと思います。①～③の発問に関することは，板書計画と実際の板書はほとんど合致しているのが見て取れるかと思います。

板書計画を構想するときは，基本的に①～③の発問を考えて配置した上で，②について変更を加えていきます。今回の場合は「ロレンゾの友達の誰の考えに共感しますか？」と発問して，一番共感するところにネームプレートを貼りに行くという学習活動を取り入れることとしました。そのため，②のところでは，挿絵を３人分貼って，それぞれの考えを書いていくというものになっています。

板書計画を立てる際に，①～③以外の部分に関しては，「余白」を大切にしています。板書計画はあくまでも「計画」なので，この通りに書こうと身構えすぎないことが必要になってきます。計画の通りに推し進めていこうとすると，ともすれば誘導のようになってしまうことがあるからです。①～③の大枠だけ決めておき，余白スペースはどんどん子どもたちからの意見を吸い上げて書いていくイメージをもつとよいと思います。

私は，「子どもたちに意見や考えを書きにきてもらう」というのもおもしろいと感じています。実際の板書にあるように，子どもたちが図で考えているようなときは，言葉だけでは共有することが難しいこともあるからです。

例えば，黒板の右側に「バケツに入っている水の絵」を描きにきてくれた子どもがいました。理由を尋ねてみると，「友情は，注げば注ぐほどいいと思っていたけれど，度がすぎるとあふれ出してしまうので，適度な関わり方を考えていく必要がある」ということを伝えてくれました。

板書は縦書きでも，横書きでもかまいません。①～③の発問をベースにアレンジを加えていけば，板書計画がつくりやすくなるのでおすすめします。なお，他の板書が気になる方は『道徳授業の板書づくり＆板書モデル大全』（『道徳教育』編集部編，明治図書）などを参考にしてみてください。いろいろな板書が載っているので，大変参考になります。（私も板書の型を８つ提案しています）

ポイント
- **板書は縦書きでも横書きでもよい。実態に合うものを選択する**
- **板書の基本形は①～③の発問。そこからアレンジしていく**

09 STEP 8　導入・終末を考える

授業が完成！　と喜ぶ前に，「導入・終末」について考えるのを忘れてはいけませんよ。特に「導入」には子どもたちが考えたくなる「思考のスイッチ」があるといえるでしょう。思考のスイッチを押せるような導入とは……？

導入で子どもの心をつかみにいく

みなさんは，導入をどれくらい大切にしているでしょうか。これは，道徳に限ったことではありませんが，授業における導入は大切にしていきたいと考えています。

「アイキャッチ」という言葉をご存じでしょうか。アイキャッチとは，目を捉えるという意味です。思わず惹きつけられるものということですね。広告やブログなどに使われている手法です。授業における導入はこのアイキャッチの意味があると思っています。

子どもたちが日常生活を送っていて，疑問に思っていないことが，導入の発問によって「問い」に変わっていく。それが，導入の役割です。

ここで，思考のスイッチが入っていると，子どもたちは自ら考えようという意欲が高まってきます。逆にスイッチが入っていない状態で教材の読みに入っていくと，話し合いに力が入らないことがあります。

導入で行う発問は自由度が高い分，悩ましいですが，子どもたちが思わず考えたくなるような導入になったときは心の中でガッツポーズをしたくなります。

■ こんな導入はいかが

導入はいろいろな工夫ができておもしろいものです。いくつか例を紹介します。

〈例①〉

①「みなさんにとって『働く』とはどのようなイメージでしょうか？」

②「大人が働いている姿を見てどう思いますか？」

③「子どもにとっての働くって何でしょうか？」

内容項目「勤労，公共の精神」の授業の際に，このように投げかけました。①の「働くってどんなイメージ」だけだと，イメージをもちにくい子もいます。そこで，②や③の発問を入れることで，どの子もイメージをもちやすいように一工夫しました。導入では，学級の子ども全員がこの１時間で考えることに対しての問いをもてることをねらっていきたいものです。

〈例②〉

「映画館にポスターが貼ってありました。そこには，このようなことが書かれていました。（ポスター提示）『人生も映画も，巻き戻せないからおもしろい。』さて，みなさんはこの言葉の意味がわかりますか。映画館で映画を観ると巻き戻せないからおもしろい……これは何となく意味がわかりますよね。１回しか見られないからおもしろいということでしょうか。さて，人生はどうでしょうか。巻き戻せた方がおもしろくないでしょうか？」

内容項目「善悪の判断」の授業の際にこのように投げかけました。子どもたちは，「人生も巻き戻せないからこそおもしろいよね」「１回しか経験できないからおもしろいのでは？」と話していました。巻き戻せない人生の中で，正しく判断することができるのか……このような視点で問いをもってもらいたかったのでした。

〈例③〉

「みなさんは，将来外国に行ってみたいですか？　もしも，外国に働きながら住むことになったら……何か困ることはあるでしょうか？」

このように問いかけました。そのときの子どもたちの反応は「言葉が通じるか不安です」「文化の違いがあるかもしれません」「コミュニケーションできるかな」「そもそも仲良くなれるかな……」というようなものでした。

内容項目「国際理解，国際親善」の授業の際の導入です。異文化を「理解する，受け入れる」ために，そもそもどのような「壁」があるのかということを導入の発問で浮き彫りにしていきました。ここで，問題意識をもつことで，教材を読んだときにどのようにしてその「壁」を乗り越えたのかということを考えるきっかけにできたらというねらいで発問しました。

〈例④〉

「父親が幼い娘に贈った言葉がありました。それは，『美人よりも，美しい人になってください。』という言葉でした。さて，『美人よりも美しい』とはどのような意味が込められているのでしょうか？」

子どもたちは「心のことかな」「内面のことじゃない」「性格のことだよ」と口々に言っていました。

「では，そのような『美しい人』になるためには……どうしたらよいのでしょうか？」と投げかけました。

内容項目「感動，畏敬の念」の授業の際の導入です。このときは「美しい心」について考えるための導入として，この発問をしました。教材は有名教材の「花さき山」です。美人という外見の話ではなく，内面の美しさについて考えるのだなという思考のスイッチを入れることをねらいとしました。

導入を４つ紹介しました。大切なことは「思考のスイッチを入れる」ことです。子どもたちの経験や価値観をストレートに問うこともよいですが，ときには名言やポスターから引用して問うこともおもしろいものですよ。

■ 終末は余韻を残すようにする

「終末は余韻を残す」ことを意識します。終末には，「教師が説話をする」「詩を読む」「歌を流す」「CM を流す」などといろいろな方法があります。GIGA 端末普及のおかげで，動画を流すことも容易になりました。AC ジャパンの CM などは終末で流すと余韻を残して授業を終わることができるので使いやすいです。

ここで，１つ留意したいのは，これらの説話などは，「子どもたちの振り返りが全て終わった後にやる」ということです。せっかく45分授業のうち，42分くらい考えていたことがあるのに，教師の説話に引っ張られてしまい，振り返りがそのことばかりになってしまうというケースがあるからです。「今日の先生の話を聞いて，～と思いました」このような振り返りになってしまっては，授業で自分の頭で考えた意義が薄れてしまいますよね。

また，終末で説話をすることには，子どもたちが「今日の学習ってこんなことを学んだな」と再認識できるよさがある一方で，十分に学べていたら説話がなくてもよいのではと感じるときもあります。

そのようなときは，無理に道徳の授業の中で説話をするのではなく，また別の機会（例えば，朝の会など）にその話をしてもよいのではないかと感じます。道徳の授業で学んだことは，それを学んだ日からスタートしたと考えると，あえて１時間で完結させる必要もないと感じるからです。むしろ，別の機会にも何度も話をすることで，より自分事として考えられるのではないでしょうか。

ポイント
- 導入は「アイキャッチ」である。子どもの思考のスイッチを入れる
- 終末は余韻を残す。終末の話は子どもが学習活動を終えてからする

Column 2

常に進化し続ける

実は，私は飽き性です。長い間，同じことを続けるのが好きではありません。これは，授業にも当てはまっていて，同じスタイルをずっと続けるというのは私自身が飽きてくるのです。（うまくいっていたとしても……）

20代のときに１年間，「役割演技」を研究する会に入っていました。役割演技の魅力にとりつかれ，かなり多くの授業で役割演技を取り入れていました。役割演技は子どもたちの内なる思いを引き出せるというよい点が見えてきたのですが……やはり役割演技が合わない教材もあるなということがその１年間でわかってきました。

そこから，ある年は板書にこだわってみようと板書のことを真剣に考える年になったり，ある年は話し合いのときに子どもたちだけで回せるようにしようと仕組みを考えたり……。

どの１年間も真剣に１つのことにこだわっていたからこそ，技を磨くことができたのではないかと思っています。

これは，飽き性だからこその特権ですね。飽き性は「好奇心旺盛」と言い換えてもよいかもしれません。

さて，ここまでは授業についての話でしたが，「教材研究」にも当てはまります。今は，ノートに見開きで「授業の流れ」「内容項目のイメージ」「板書計画」という形で教材研究を進めていますが，今後は変わっていくかもしれません。もしかしたら何年か後には，ノートをやめて iPad を使って教材研究をするというスタイルになっているかもしれません。

やり方を変えるときには「違和感」がつきものです。その「違和感」と仲良くなったときに，自分のモノとなり，進化したといえるのではないでしょうか。私はこれからも進化し続けていきたいという野望をもっています。そして，進化した際にはどこかで発信できればと……乞うご期待！

3章

教材研究
ポイント解説

01 ノートの見方について

この章では実際に私が教材研究したものを紹介していきます。内容項目ごとに分けて掲載していますので，気になるものから見ていただけたらと思います。さて，まずはノートの見方から説明していきます。

教材研究ノートをつくる

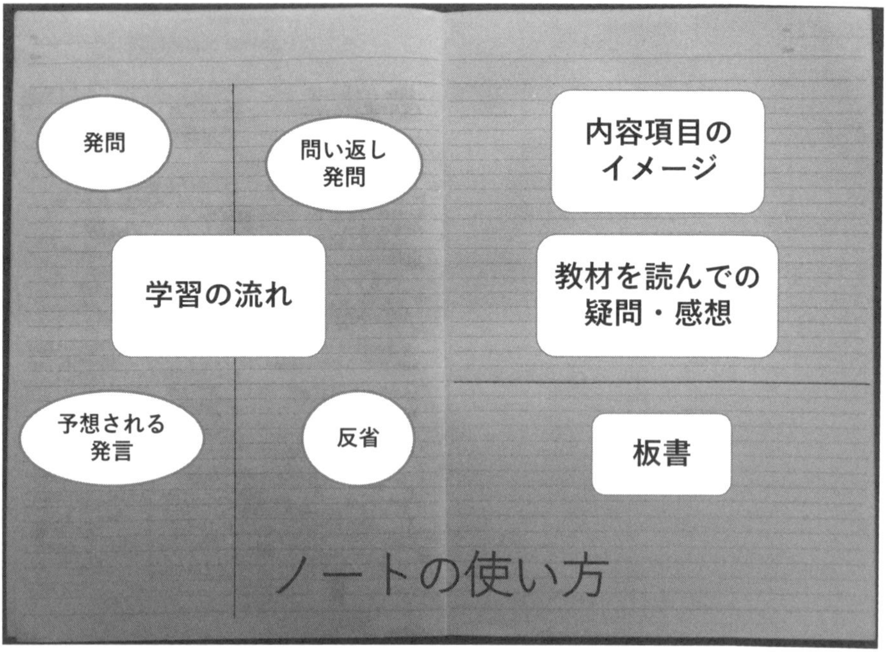

発問

問い返し
発問

学習の流れ

予想される
発言

反省

内容項目の
イメージ

教材を読んでの
疑問・感想

板書

ノートの使い方

写真は私がどのようにノートを使っているかの説明になります。私は教材研究のときにはノートを見開きで使っています。ノートは見開きで使うのがちょうどよい加減だと感じています。1ページだけだと自分の考えを整理するのが難しいですし，見開き以上だとページをめくらないといけないのが面倒だからです。

ノートの左側には学習の流れを書いています。主に発問とその発問に対する子どもの反応，そして問い返し発問を書いていきます。また，授業後には赤色のボールペンで反省を書き込んでいます。自分なりに反省点を書き込むことで，次回の授業に活かそうと考えています。

ノートの右側は上下に分けて，上の部分にはSTEP 1の「教材を読む」，STEP 2の「内容項目のイメージを広げる」を書いていきます。そして，下の部分には板書計画を立てていきます。

ノートを書く順番としては，右側の上部から書いていきます。ここのイメージが広がれば，教材研究としては70%くらいが完了したといってもよいでしょう。なので，右側上部に関しては時間をとって考えています。

板書計画と学習の流れに関しては，同時進行で書き込んでいくことが多いです。左側に関しては，予想される子どもの反応に対する問い返し発問を考えることに力を入れていきます。

このような流れで一通り教材研究ノートが完成したら，授業を行う前にノートをざっと見て授業をするイメージをしていきます。いわゆるイメトレです。このイメトレがしっかりできていると，問い返し発問を適切に入れていくことができます。

なお，教材研究ノートはあくまでも「案」であり，「計画」でもあります。この通りやろうという意識が強くなりすぎないように気をつけたいです。

ポイント

- **教材研究はノートの見開きで行う**
- **授業前のイメトレ，授業後の反省もレベルアップには必要不可欠**

02 A　善悪の判断，自律，自由と責任「さち子のえがお」

４年生の教材です。内容項目は主に「善悪の判断」です。教材の中の登場人物が万引きをしてしまうという少しショッキングな話となっています。さて，その万引きに誘われたとしたら……主人公は断ることができるのでしょうか。

教材の概要と押さえどころ

①概要

文房具を万引きしていたユミ。それを見つけたさち子の心の中に「私もほしい」という気持ちと「断らなくては」という気持ちの葛藤が生まれます。さて，さち子は正しいことを判断することができるのでしょうか。

②押さえどころ

さち子の心の中の葛藤を浮き彫りにさせていくと同時に，「なぜ断ることができたのか」というところに重点を置いて考えていきたい教材です。

惹き込まれる導入を目指して……

２章の「STEP８　導入・終末を考える」のところで紹介した導入がこの授業で行ったものでした。「人生も映画も，巻き戻せないからおもしろい。」という映画館のポスターの言葉からの導入です。

以前，「このような導入はどのようにして思いつきますか？」という質問を受けたことがあります。その答えはアンテナを張るということにつきます。

普段から導入に使えそうな言葉はないかなとアンテナを張っておくのです。

とはいえ，アンテナを張るのはそんなに簡単なことではないですよね。そこで，おすすめしたいのが，授業を行う２週間前くらいから教材研究を始めることです。２週間前に，教材研究……もっといえば，こんな教材があるなという確認さえしておけば，そのアンテナが立ってきます。今回の場合だと「善悪の判断に使えそうなモノはないかな」というアンテナが立ってくるというわけです。

■ 教材の構造を分析する

さて，教材の構造を分析してみましょう。今回の教材の場合だと，ざっくりと場面を分けると「①友達のユミが万引きをしていた　②それを見てさち子の心に葛藤が生まれる　③誘いを断ることができた」ということになります。内容項目はＡ（主として自分自身に関すること）となっていますので，今回はさち子の視点で考えていく方がわかりやすそうです。

葛藤のある教材ですので，考えさせたいことは，「①葛藤の中身　②葛藤をどうやって乗り越えたか　③断る力＝正しいことを判断するには？」になってきます。

■ 葛藤のある教材の捉え方

「葛藤の中身」と「どうやって乗り越えたか」は両輪として考えたいところです。「葛藤の中身」を考えるからこそ，人間理解ができますし，「どうやって乗り越えたか」を考えるからこそ，価値理解に迫れるからです。よく，葛藤の中身を考えさせて終わる授業を見ますが，それではもったいないです。どうやって葛藤を乗り越えたか（あるいは，なぜ乗り越えられなかったか）を考えるからこそ，自分の生活に活かすことができます。

Point

ポスターを使っての導入です。今は，ネットでも情報を集められるので，内容項目に合ったものを探してきて提示するというのも１つの方法でしょうか。

Point

葛藤部分の想定です。頭の中に天使と悪魔を思い描き，戦わせているイメージです。場合によっては，子どもたちに頭の中で思い描かせてもよいでしょう。

Point

「なぜ断ることができたのか」この部分を考えることで善悪の判断に迫ります。

さち子のえがお

導入

T:「このポスターを見てください。

『人生も映画も、巻き戻せないから おもしろい』

映画館のポスターです。

なぜ、人生は巻きもどせないから おもしろいのでしょうか？」

C:「1回しか経験できないから」

T:「その1回の経験が、いい経験になるには、何が必要？」

C:「努力」（どんな力） C:「判断力」

T:「たとえば、やる、やらないも決めるものをなんかは（例え話）？」

T:「今日は、『さち子のえがお』の学習を通して「正しいことを判断するには？」について考えていきましょう」

範読

さそわれた時

T:「さち子の心の中には、どんな迷いがあったでしょうか」

C:「楽しそう！」

C:「わたしもほしい！」

C:「やっぱりだめ」

C:「わるいことだから…」

C:「ペンをあげたら友だちもよろこぶ。」

T:「もし本当のことを知ったら？」

C:「それは、悲しむ」

C:「やめなよって言う」

C:「言ったらきらわれるかも…」（ユミに、ことわったら）

T:「心の中に迷いがあったさち子、なぜ、断わることができたのでしょうか。」

C:「正しいことを考えた」

T:「この場の正しいことって？」

C:「ことわること。」

C:「ダメだよって教えること」

C:「今後のことも考えた」

T:「今後どうなる？」

C:「まちがえた道だと、けいさつへ 正しい道だと、まだやり直せる」

C:「弱い自分にかった」

T:「どうやってかてたの？」

C:「勇気を出した。」

C:「自分だけじゃなく ユミのことも考えた」

T:「では、お話をもとに…正しいことを判断するには

C:「友だち相手でも『ダメ』って言う

C:「ゆうわくに負けないようにする

C:「後々のことを考える」

C:「自分で考えることを大切にする

＜ふりかえり＞

→もう1度ポスターを見る。

授業後の感想

葛藤の中身を「デビルとエンジェル」このように言っていたのですが，そのおかげで子どもたちからおもしろい反応が出ていました。「デビルのことを考えてしまうのは仕方がないこと。でも，すぐに行動に移さないようにす

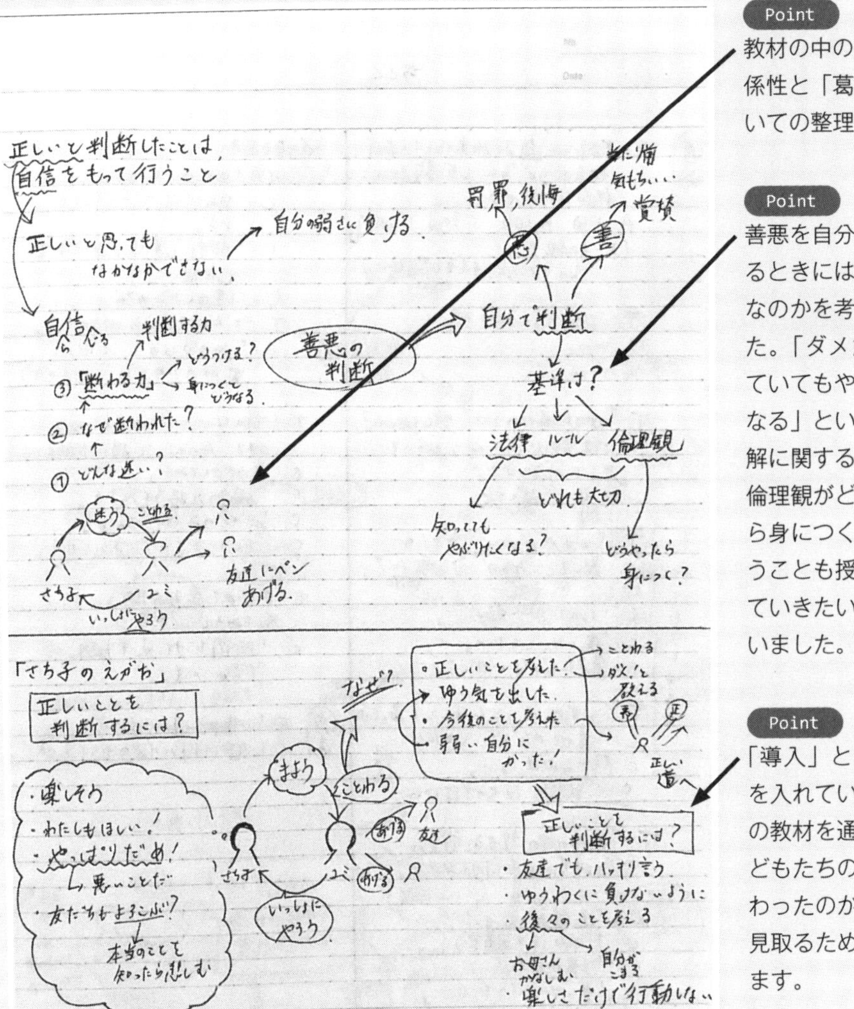

Point

教材の中の人物の関係性と「葛藤」についての整理です。

Point

善悪を自分で判断するときには何が大切なのかを考察しました。「ダメだと知っていてもやぶりたくなる」という人間理解に関することや，倫理観がどうやったら身につくのかということも授業で触れていきたいと考えていました。

Point

「導入」と同じ発問を入れています。この教材を通じて，子どもたちの考えが変わったのかどうかを見取るためでもあります。

る」と人間の弱さに気づいた上でどうするかという考えが出ていました。他には正しいことを判断するために「自分は『自分』として考える」「将来のことを考える」といった意見も出ていました。自分の弱さも見つめた上で正しいことを判断できるようになるために考え続けていきたいと思いました。

03 A　善悪の判断，自律，自由と責任
「うばわれた自由」

５年生の教材です。「自由と責任」が主な内容項目です。「自由」という言葉はイメージしやすいのですが，子どもたちは「わがまま」と混同していることが多いです。その辺りについて教材を通して子どもたちと一緒に整理していきたいです。

教材の概要と押さえどころ

①概要

わがままな王子ジェラールと「本当の自由」を大切にした森の番人ガリュー。ジェラールはわがままを言って自分の国にあるルールすらやぶってしまいます。ガリューはルールやぶりを咎めようとしますが，逆に囚われてしまいます。最終的に，ジェラールは裏切られて，牢屋へ入るという結末です。

②押さえどころ

この２人が対照的に描かれた教材です。ジェラール王子のわがままさと，ガリューの言う「本当の自由」。人々が豊かに暮らしていくために必要なのはどちらの自由なのか。そこを対比しながら考えていきたいところです。

登場人物を対比させる

ジェラールはわがままです。王子は当然ながら位が高く，何をしても許されてきたのでしょう。王子だから「こそ」国にあるきまり（狩りに関すること）をやぶってしまいます。

一方のガリューは森の番人です。きまりをやぶった者を取り締まるのが森の番人の仕事です。王子だからといって見過ごすわけにはいきません。

２人とも「自由」を主張していますが，どちらの主張する自由の方が，より多くの人が幸せになるのかは明白です。

授業では，２人の自由を対比させて，その上で「本当の自由」についての自分なりの考えをもたせていきたいところです。

板書も対比できる構造にしておく

板書はどのように活用しているでしょうか。板書には，子どもたちから出た意見を書いて，整理したり，共有したりする役目があるでしょう。

そして，板書には話し合いを促進させる働きもあります。場面ごとに板書していくのではなく，ジェラールとガリューを対比させるように左右に配置しておくと，子どもたちは，自然と両者を比べてみたくなります。

ときには「内容項目」について調べてみる

自由という言葉は解釈がいろいろとあり，難しい言葉です。時間があるときには，書籍を読むなどして知識を蓄えておくことが教材研究をする上での助けになります。

今回は「自由」という言葉の語源を調べてみました。すると，福沢諭吉が「liberty」を自由と訳したことが，もとだということがわかりました。自由は「『自』らをもって『由』となす」の意味。自ら（意思や考え）を行動の由（理由）とする。これは内容項目にある「自由」と「責任」につながる考えだと思いました。

授業の展開に直接役に立つかどうかはわかりませんが，授業者が内容項目に対する「観」を広げることには役に立つのでおすすめします。

Point

「明日，１日自由なら何をするか」を問うことで，自分事として捉えられるようなスタートを目指しました。

Point

ジェラールとガリューの考えや行動を対比させていきます。対比させた上で，共通していること，異なることを整理して「本当の自由」について話し合いを進めていきます。

Point

「あなたが大切にしたい自由はどんな自由ですか？」と問い，自分事として考えていきます。自分なりの言葉で語らせたいところです。

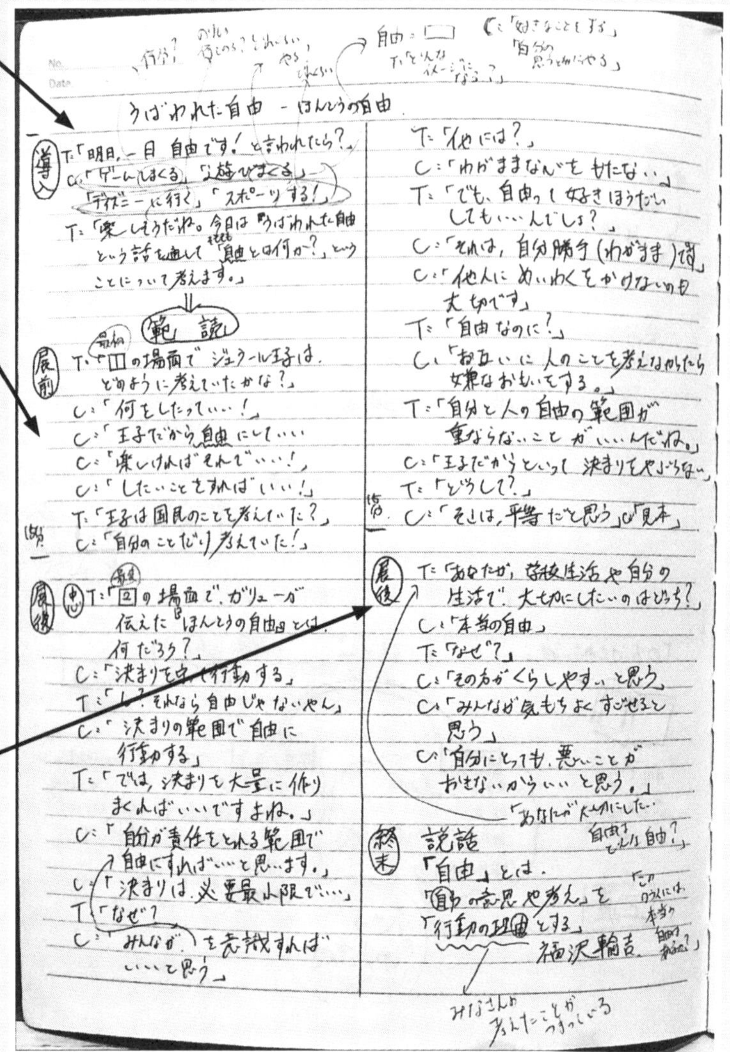

授業後の感想

「自由と責任」は，本当に多くの内容項目とかぶるところがあると思います。授業の際には「みんなが公平にすごせる自由が大切」「ルールやきまりの範囲の中での自由が本当の自由だよ」「自分の自由と相手の自由がぶつか

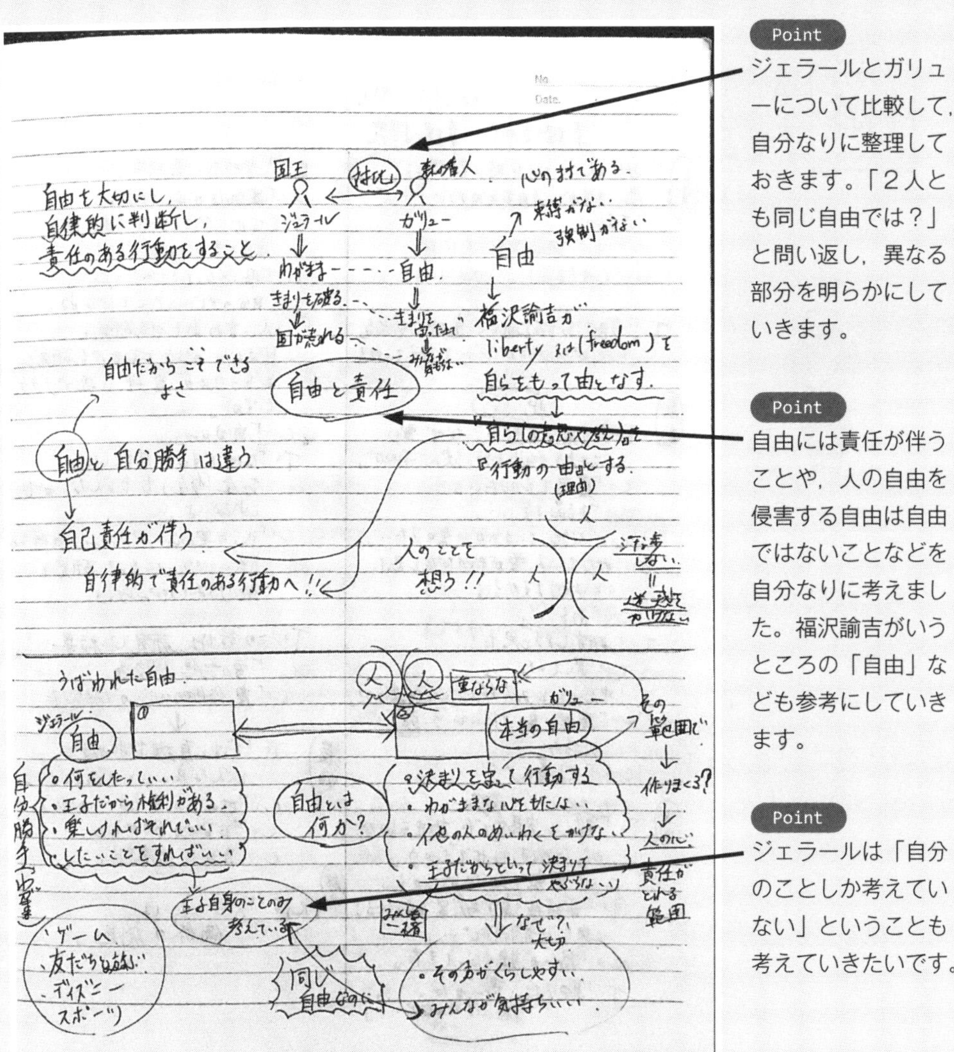

Point
ジェラールとガリューについて比較して，自分なりに整理しておきます。「２人とも同じ自由では？」と問い返し，異なる部分を明らかにしていきます。
Point
自由には責任が伴うことや，人の自由を侵害する自由は自由ではないことなどを自分なりに考えました。福沢諭吉がいうところの「自由」なども参考にしていきます。
Point
ジェラールは「自分のことしか考えていない」ということも考えていきたいです。

ったら譲り合うことが大切」という意見が出ていました。内容項目は決して独立するものではなく，複雑に絡み合っているものだとあらためて認識した次第です。教材研究を進めていくときには，どの内容項目と関係があるのかも考えながら行っていくと，視野が広がりそうですね。

04 A　正直，誠実
「手品師」

６年生の教材です。内容項目は「正直，誠実」です。言わずもがなの有名教材です。いろいろな授業展開が紹介されているのですが，今回は特に変わったことはせずに，オーソドックスに教材を楽しむ展開を目指していました。

教材の概要と押さえどころ

①概要

売れない貧しい手品師。ある日，元気のない男の子と出会います。手品を披露したところ元気が出たので，翌日も手品をする約束をします。しかし，その夜に友人から電話があり，「大劇場で手品をしてみないか」と誘われます。さて，手品師は男の子のところへ行くのか。それとも，大劇場へ行くのか……。

②押さえどころ

「男の子の方へ手品をしに行くのが誠実」という結論を目指して授業を展開していくと，考えが広がらず少々浅い感じになってしまうのではないでしょうか。いろいろな可能性を子どもたちと一緒に考えたい教材です。

内容項目について熟考する

まずは，教材の中の「誠実」について自分なりに考えを深めていきます。この場合の誠実は誰にとっての誠実なのか。男の子にとっての誠実という考えなら「約束を守ることが誠実」になるでしょうか。大劇場へ行くことを軸として考えるなら「手品師の友人に対しての誠実」ともいえるかもしれません。なぜなら，大劇場へ行くことは友人を助けることにつながるからです。

そして，手品師自身への誠実という視点で見れば，「そのときに一番やるべきだと思ったことをやった」という誠実かもしれません。教材の場合では，男の子に手品を見せることが，自分自身の生き方に誠実であるともいえそうです。これらの考えは，どれかの結論に導こうと思っているわけではありません。子どもたちと一緒に話し合いをする中で探っていけたら，おもしろいのではないでしょうか。

■ 自分事として考えさせるには？

「『自我関与』を大切にした授業の展開とは？」と質問を受けることがあります。私なりの答えとしては，「①教材にどっぷりと浸る　②早めに教材からフェードアウトする」のどちらかだと考えています。

今回の場合だと，教材にどっぷりと浸る中で子どもたちは自分事として捉えていくのではないかと思っていました。発問としては，「大劇場に行くのと，男の子の前で手品をするのと，どちらが誠実ですか？」というものを用意していました。ところが，教材を読み終わってすぐに，子どもから「先生！　自分ならどっちに行くのか話し合おうよ」と提案が出てきました。おそらく，「自分ならどっちに行く？」がこの教材における子どもの自然な思考の流れなのでしょう。今回は流れに身を任せることにしてみました。

■ 授業後に反省点を書き込む

今回のように，多面的・多角的に考えやすい教材は，授業をしてみないとわからないことも多々あります。子どもたちから出てきた意見をノートにメモしておき，次の授業のときに活かせるようにしておきます。

Point

内容項目について，ストレートに問うてみました。いきなりエンジンをかけるような始まり方もときにはおすすめです。

Point

「大劇場」「男の子」それぞれにどのような意見が出てくるのかを想定し，問い返しの発問を考えておきます。

Point

シンプルだけれど，悩ましい……そのような教材だからこそ授業後に反省がたくさん出てきました。教師からの問い返しが多いほどよいのではなく，「質」を追求していきたいと考えました。

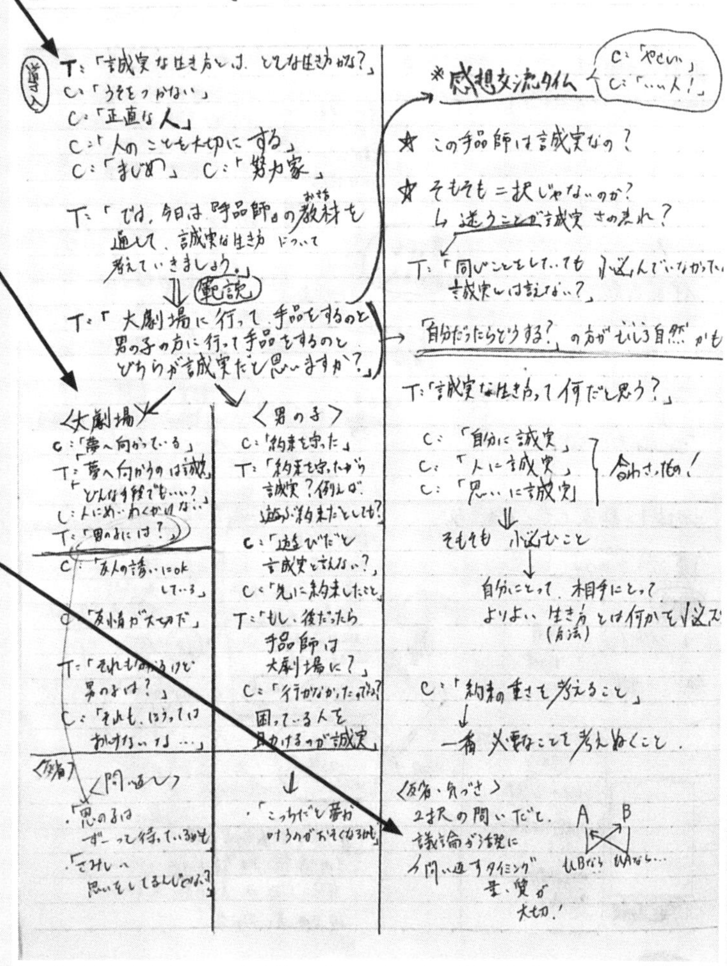

授業後の感想

今回の授業は記録用にビデオを回しており，自分なりに反省するために見返しました。すると，これだけたくさん問い返し発問を考えていたにもかかわらず，ほとんどすることはなかったのです。なぜなら，子どもたちだけで，

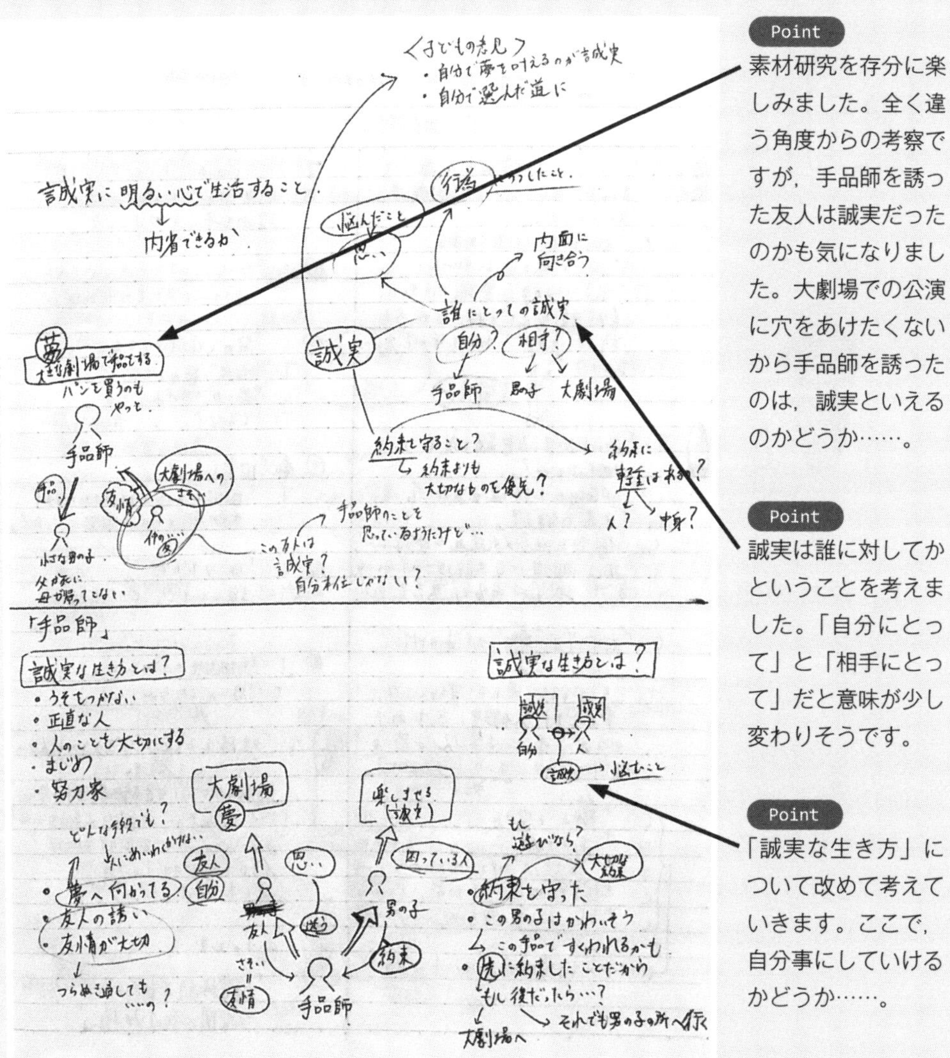

Point

素材研究を存分に楽しみました。全く違う角度からの考察ですが，手品師を誘った友人は誠実だったのかも気になりました。大劇場での公演に穴をあけたくないから手品師を誘ったのは，誠実といえるのかどうか……。

Point

誠実は誰に対してかということを考えました。「自分にとって」と「相手にとって」だと意味が少し変わりそうです。

Point

「誠実な生き方」について改めて考えていきます。ここで，自分事にしていけるかどうか……。

話し合いが進んでいたからです。意見としては，「２択以外の方法を考える」「男の子を連れていくことを考える」「いっそのことどちらも断る」「迷うことが誠実」「大劇場に行ったとしたら，それは運になる。実力で行くのが誠実」など，いろいろな視点で考えており，感心した次第です。

05 B　親切，思いやり
「はしのうえのおおかみ」（リメイク）

１年生の教材です。内容項目は「親切，思いやり」です。ですが，今回は６年生の授業開きとして行ったものを紹介したいと思います。同じ教材でも，学年が変わればねらいが変わり，授業の流れが変わってきます。

教材の概要と押さえどころ

①概要

橋の上でうさぎや他の動物たちに通せんぼうをしていたおおかみ。くまに抱きかかえられて橋を渡らせてもらってから，心を入れ替えて，うさぎにも同じようにして橋を渡らせてあげました。

②押さえどころ

いじわるなおおかみが，親切なくまのお手本のような行動を目にして，心が変わり，行動が変わるという話です。今回は高学年相手に授業をしましたので，おおかみの変化の部分にも目を向けさせたいと考えました。

なぜ「リメイク」で行うのか

「リメイク」という言葉がふさわしいかわかりませんが，１年生で行った授業を６年生で行うことにどのような意味があるのでしょうか。この授業は道徳の授業開きとして行いました。子どもたちに考えてほしかったのは「道徳では，学年が変わっても，毎年のように『友情』や『親切』など同じことを学ぶ。それはなぜなのか」ということです。

当然，学年が変われば発達段階も変わるので，思考が変わります。低学年では「親切っていいな」と感じていた子どもたち。そこから「どれくらい深く考えられるようになったのか」ということを実感してほしいと思い，この教材を選びました。

■ 登場人物の設定を分析する

1年生にこの授業をするときには，おおかみの心情の変化を捉え，「親切にするって気持ちがいいことだな」と実感できるような組み立てですることが多いと思います。今回は6年生で授業をすることにしたので，あらためて登場人物の関係性について見直しました。この教材では体が大きくて強い順番に「くま→おおかみ→うさぎ」となっています。これを小学生に当てはめてみると，理想的な行動をしているくまは高学年，行動が変容しているおおかみは中学年，おおかみに抱きかかえられて橋を渡してもらったうさぎは低学年と捉えました。ただし，私の分析よりも子どもたちの発想の方が的確だったので，後ほど「授業後の感想」でお伝えします。

■ 分析から授業の流れへ活かす

先ほどの分析より，「くまとおおかみのどちらになりたいですか？」という発問を考えました。お手本のような親切をした，生き方のロールモデルでもある「くま」なのか，最初はまずいことをしていたけれど，それに気づき自分の行動をあらためた「おおかみ」なのか。どちらの生き方がよいのか迷いますね。

Point

授業開きなので，「道徳ではどんなことを学習するのか」や「同じ内容を何度も学習する意味」について問います。

Point

授業開きなので「くまとおおかみのどちらになりたいですか？」と選択式の発問で意見を言うハードルを下げます。実態によっては「どちらの方が素敵ですか？」など，さらに答えやすい発問にしてもよいでしょう。

Point

「子どもの１か月＝大人の１年くらい成長している」という説話をして締めくくりました。

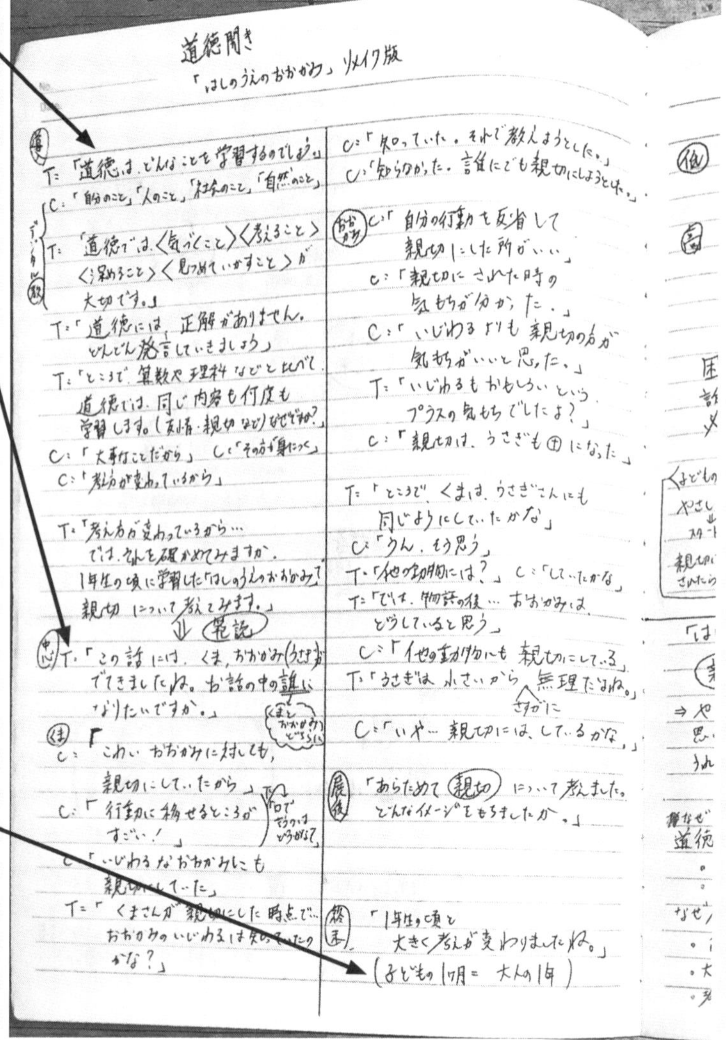

授業後の感想

「くまとおおかみのどちらになりたいですか？」という発問は，子どもたちの思考を大いに揺さぶりました。実際の板書を掲載していますので，ページをめくって見ていただければと思います。さて，この授業を通して子ども

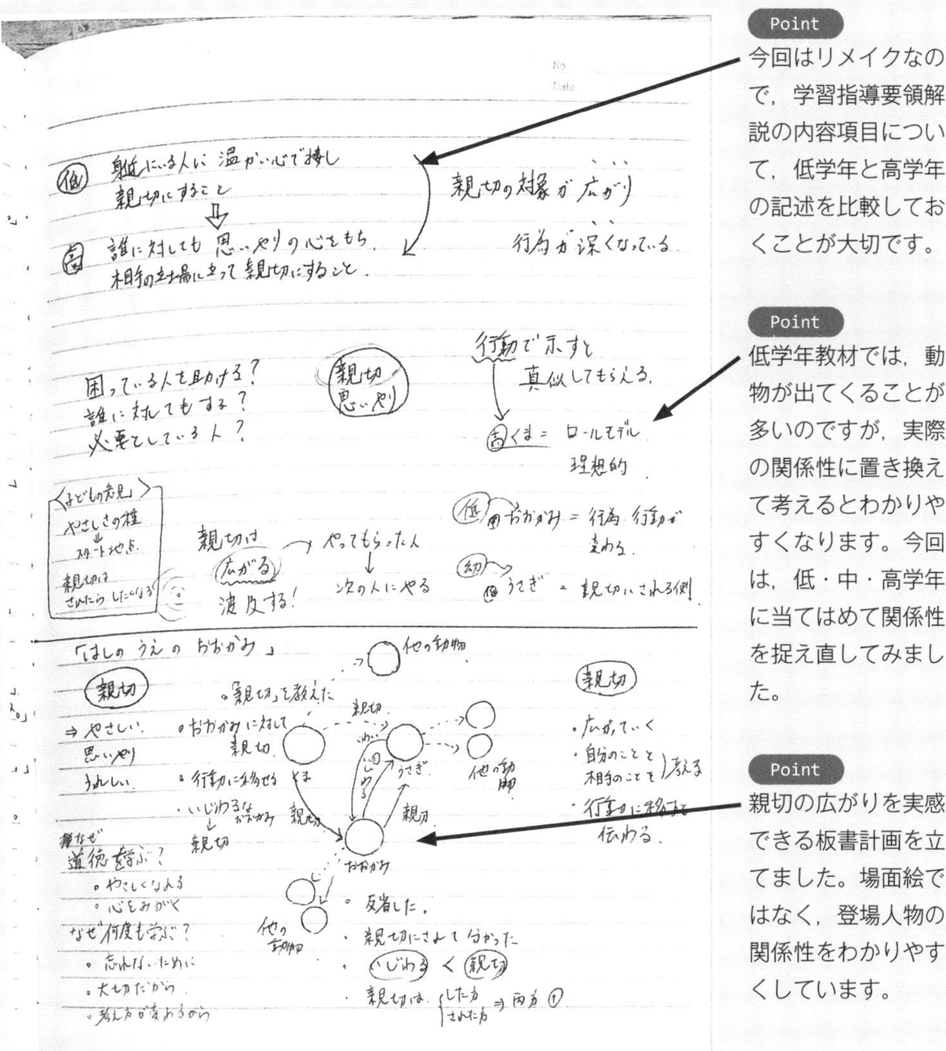

たちは最終的にどんなことに気づいたのでしょうか。板書を眺めながら，「くまを高学年だとすると……？」と投げかけました。すると「おおかみは教えてもらったらできるから１年生だ！　親切を教えてあげなくちゃね」「だったら，うさぎは幼稚園児だなぁ」と置き換えながら考えていました。

〈実際の板書〉

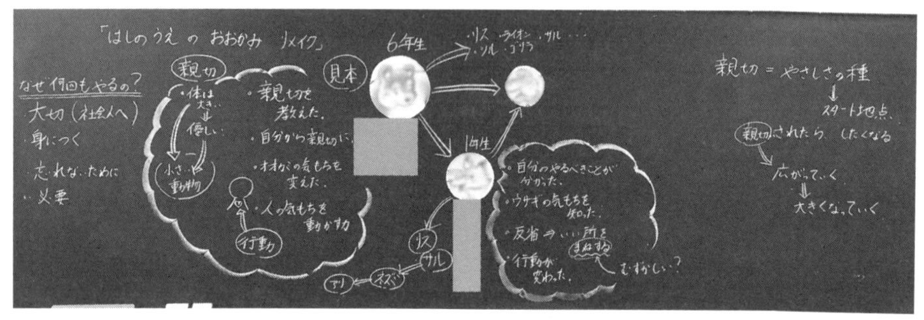

実際の板書はこのようになりました。道徳の授業開きということもあり，すっきりめの板書となっています。

私が道徳の授業開きで伝えているのは以下のようなことです。

> ○道徳に特定の「正解」はない。自分の考えでしゃべろう
> ○同じもの（事象）を見ても，感じ方は人それぞれであるということ
> ○隠れているもの（事象，心情，思いなど）に気づくのが大切だということ

これらに加えて，今回は6年生なので「そもそも道徳ではどんなことを学習するのか」「なぜ同じこと（内容項目）を何度も学習するのか」ということを最初の問いにしました。

あとは，ノートのとり方（思いついたときに自由に書いていい）や，「友達の意見を聞いたら，なるべく自分の意見を返すこと」などの学習ルールを伝えていきます。

これらのことを伝えるだけで1時間使うのはもったいないので，教材と組み合わせて授業を行ったというわけです。

授業開きなので，発言しやすいように，「くまとおおかみのどちらになりたいですか？」についてネームプレートを貼ってもらい選ぶ形にしました。

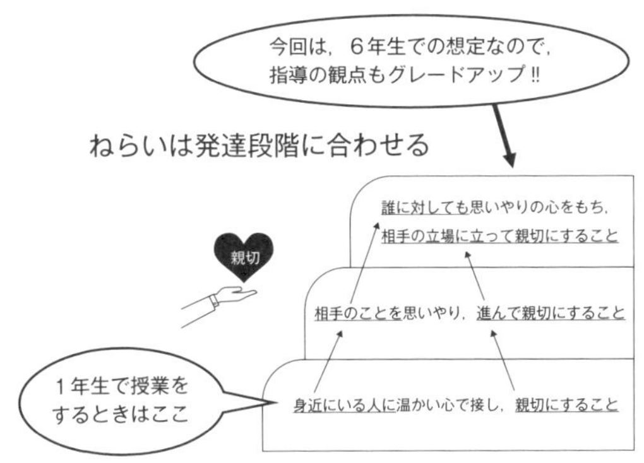

通常，１年生でこの教材で授業を行うときは，おおかみに焦点を当てて「親切にされたこと」や「親切にすること」について考える展開が多いです。

今回は，６年生が対象なので，「誰に対しても思いやりの心をもち，相手の立場に立って親切にすること」という学習指導要領の指導の観点をもとにねらいを考えていきたいのです。

「誰に対しても」という部分に着目して，「くまは，他の動物にも親切にしているのでしょうか？」「この出来事の後，おおかみは他の動物にも親切にするようになったのでしょうか？」ということを発問しています。

「相手の立場に立って」という部分に着目して，くまとおおかみの双方向の立場から「くまが模範的に親切にすること」と「おおかみの心情が変わって親切になったこと」を比較しながら考えられる展開にしています。

このように，道徳の学習では同じ教材を使っても学習する中身は変わってくるので，ときにはリメイク教材として挑戦してみるのもおもしろいですよ。

右端に板書した「親切は優しさの種であり，広がっていくもの」という考えに，子どもたちの成長を感じて嬉しくなりました。（実はこのときの６年生は１年生のときに担任していた学年でした）

06 B　礼儀
「フィンガーボール」

４年生の教材です。内容項目は「礼儀」です。この教材は，「礼儀」についての学習なのに，お客さんも女王様もフィンガーボールの水を飲むという礼儀とは真逆の行為をしてしまうところに，おもしろさと難しさがあります。

教材の概要と押さえどころ

①概要

外国から来たお客さんが，フィンガーボールの正しい使い方（手を洗うために使う）を知らないからか，それとも緊張からか，誤ってフィンガーボールの水を飲んでしまいます。それを見た女王様は，「あえて」フィンガーボールの水を飲みました。その真意はいかに……。

②押さえどころ

礼儀としては，「手を洗う」ということを伝えることが大切なはずです。ところが，女王様は飲むという行為を選択しました。当然，女王様はフィンガーボールの水は手を洗うためにあるということを知っています。ここから，礼儀というものをあらためて整理して考えていく必要があります。

礼儀とは何かを改めて考える

４年生には，「礼儀とは何でしょう？」と直接問うと少々堅い感じがしましたので，今回は「マナー」という言葉を使って考えることにしました。マナーは「テーブルマナー」という言葉がありますので，子どもたちにとっては身近な言葉です。「マナー＝ルール」ということになるのか。それとも，「マナーとは人を思う気持ちから生まれる」ものなのか。この辺りを子どもたちと一緒に考えていければよいのではないかと考えました。

■ 視点をずらす発問を用意しておく

今回の教材の大きなポイントの１つとなってくるのが，「外国から来たお客さん」になります。①「外国から来た」なので，もしかしたらフィンガーボールの水で手を洗うという文化をそもそも知らないという可能性があるということ。②「外国から来た」大切なお客さんであるということ。これらの前提を踏まえた上で発問を考えていくと，子どもたちの思考を深めることができそうです。

特に，②の部分は注目したいポイントだと考えました。フィンガーボールの水を飲んだのが「家族だとしたら」「友達だとしたら」「家来だとしたら」このように人物の視点をずらしていくと，「礼儀」の意味が明確になってきます。恐らく，家族や親しい友人や家来相手には，女王様は飲むのではなく，直接フィンガーボールの意味を教えるのではないでしょうか。

■ 板書に「図」を入れることを想定しておく

今回の教材では，おそらく「マナーを優先させる」のか，それとも「目の前にいる人のことを優先させる」のか，そのような議論が展開されることが予想されます。そこで「マナー」と「目の前にいる人」を等号不等号で図に表すということを想定しておきました。さて，結果はいかに？

Point
実物の写真を見せるところからスタートすることで興味をわかせることをねらいとします。

Point
この教材では，自分事として考えるためにストレートに「もし自分が女王様の立場だったら？」と問うてみました。

Point
反省ポイントです。子どもたちから「人のマナー」と「食べ物のマナー」という言葉が出てきました。「人のマナー」というのが礼儀につながる大切な言葉だったので，もう少し深掘りすればよかったです。

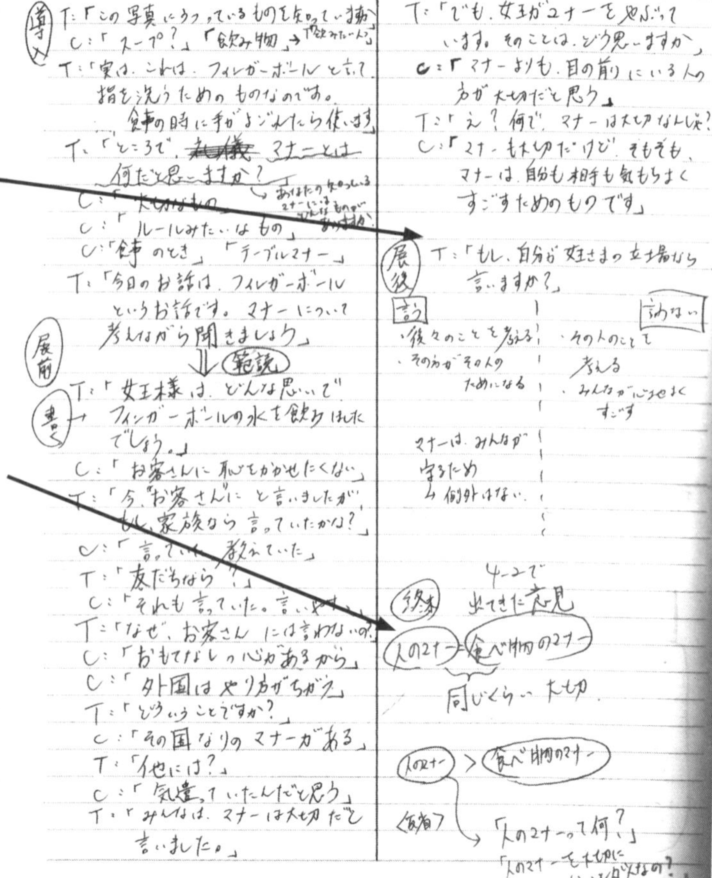

No.
Date.
（本時） フィンガーボール「礼儀にこめられたもの」

導入
T:「この写真にうつっているものを知っていますか」
C:「スープ？」「飲み物」
T:「実は、これは、フィンガーボールと言って指を洗うためのものなのです。食事の時に手がよごれたら使います」
T:「ところで、~~礼儀~~マナーとは何だと思いますか？」→ あなたの知っているマナーにはどんなものがありますか
C:「大切なもの」
C:「ルールみたいなもの」
C:「食事のとき」「テーブルマナー」
T:「今日のお話は、フィンガーボールというお話です。マナーについて考えながら聞きましょう」
⇓（範読）

展前
書く
T:「女王様は、どんな思いでフィンガーボールの水を飲みほしたでしょう。」
C:「お客さんに恥をかかせたくない」
T:「今、"お客さんに"と言いましたが、もし、家族なら言っていたかな？」
C:「言っていた。教えていた」
T:「友だちなら？」
C:「それも言っていた。言いやすい」
T:「なぜ、お客さんには言わないの」
C:「おもてなしの心があるから」
C:「外国はやり方がちがう」
T:「どういうことですか？」
C:「その国なりのマナーがある」
T:「他には？」
C:「気遣っていたんだと思う」
T:「みんなは、マナーは大切だと言いました。」
T:「でも、女王がマナーをやぶっています。そのことは、どう思いますか」
C:「マナーよりも、目の前にいる人の方が大切だと思う」
T:「え？何で、マナーは大切なんじゃ？」
C:「マナーも大切だけど、そもそも、マナーは、自分も相手も気もちよくすごすためのものです」

展後
T:「もし、自分が女王さまの立場なら言いますか？」
言う
・後々のことを考える
・その方がその人のためになる
マナーは、みんなが守るため
↳例外はない
言わない
・その人のことを考える
・みんなが心地よくすごす

終末
4-2で出てきた意見
人のマナー　食べ物のマナー
同じくらい大切
人のマナー ＞ 食べ物のマナー
〈反省〉→「人のマナーって何？」
「人のマナーを大切にしないとダメなの？」

■ 授業後の感想

子どもたちから素敵な言葉が出てきました。マナーには「人のマナー」と「食べ物のマナー」があるということでした。後々気がついたのですが，「人のマナー」とは「礼儀」のことです。そして「食べ物のマナー」とは「テー

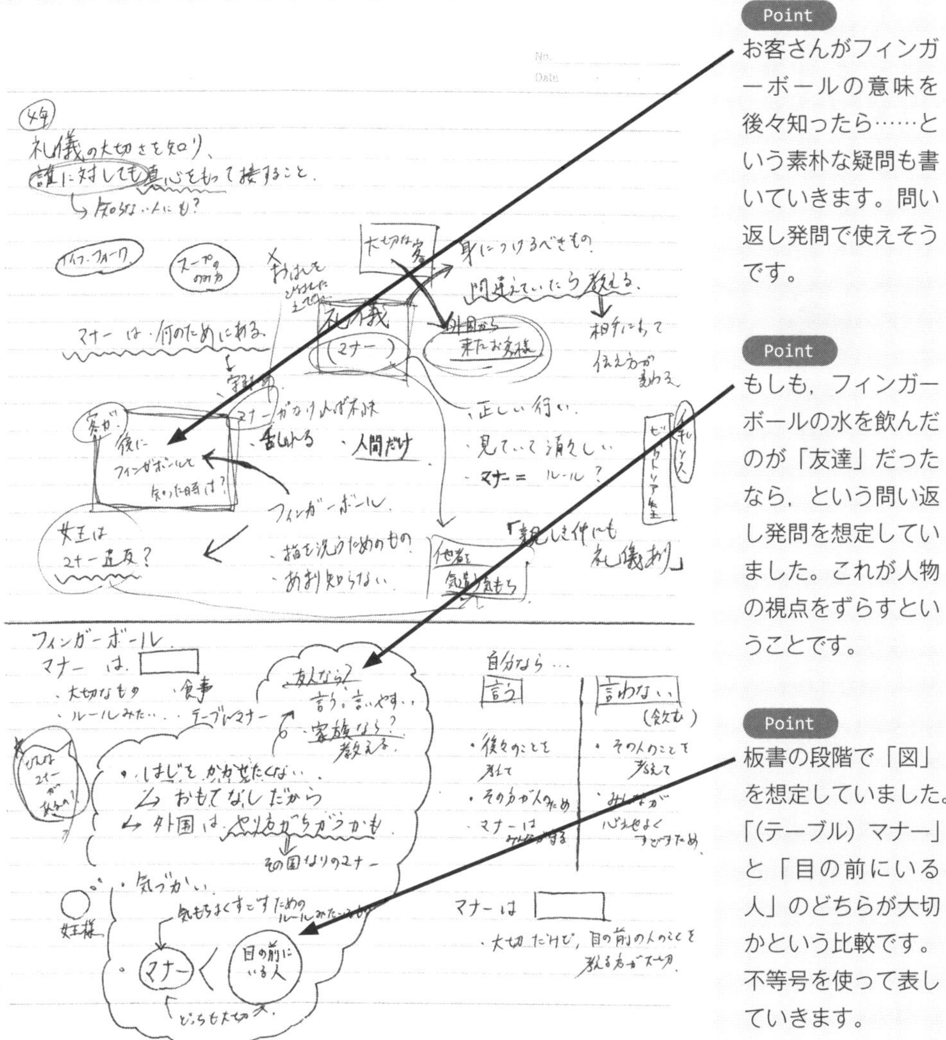

Point
お客さんがフィンガーボールの意味を後々知ったら……という素朴な疑問も書いていきます。問い返し発問で使えそうです。
Point
もしも，フィンガーボールの水を飲んだのが「友達」だったなら，という問い返し発問を想定していました。これが人物の視点をずらすということです。
Point
板書の段階で「図」を想定していました。「(テーブル) マナー」と「目の前にいる人」のどちらが大切かという比較です。不等号を使って表していきます。

ブルマナー」のことです。授業のときに「人のマナーって何かな？」ともう少し深堀りすることができたらよかったのですが，時間切れとなってしまいました。「人のマナー」も「食べ物のマナー」も同じくらい大切だね，という考えをもつ子が多かったことが印象的でした。

07 B　友情，信頼「二わのことり」

１年生の教材です。内容項目は「友情，信頼」です。実は，この教材，おもしろい構造をしています。授業で子どもたちと考えるときには，わかりやすさと同時に「思考の深さ」も意識できるよう，教材研究をしていきたいところです。

教材の概要と押さえどころ

①概要

誕生日パーティーを開くので来てほしいとお誘いの手紙を送るやまがら。音楽会の練習をしているうぐいす。どちらの家に行こうかなと悩んでいるみそさざい。最終的にみそさざいは，やまがらの家に行きます。

②押さえどころ

この教材では，「やまがら」と「うぐいす」が対比の構造になっています。前者は「暗い」「ひとりぼっち」「誕生日」，後者は「明るい」「みんながいる」「日常（音楽会に向けての練習）」となっています。ここに注目して……。

教材を自分に当てはめて考えてみる

さて，この教材は実によくできていると思います。ストレートに子どもに問うわけではありませんが，やまがらは，友達が少ない子，うぐいすは，すでに友達が多い子と捉えることもできます。さらにいうと，教材の描写から考えて，うぐいすの家には今流行りのゲームがある，やまがらの家には何もない……といった置き換えもできるかもしれません。このような状況下（他の友達はみんなうぐいすの家に行った）でも，寂しいと感じている人のことを想えることが友達を大切にするということにつながるのかもしれません。実際の発問につなげるのは難しいかもしれませんが……。

全員参加できる学習活動を考える

道徳に限ったことではありませんが，１年生は言語化するのが苦手な子がいます。そこで，言葉で言い表せなくても授業に全員参加できるという工夫はほしいところです。今回の場合はハートを塗るという活動にしました。やまがらとみそさざいはお話を通してどれくらい仲良くなったのか，ハートを塗っていきます。「理由を書ける人は書いてみよう」とすることで学習活動のハードルを下げておきます。

教材の中身が一目でわかる板書計画を立てる

この教材では，どの鳥がどこに行ったのかという教材を理解させることが必須条件となってきます（鳥の名前がややこしい）。ここで混乱してしまうと，話し合いが成り立たなくなってしまうからです。

そこで，板書は，みそさざいが悩んでいるということが一目でわかるように黒板の下側に配置して，その絵を動かしながら範読することにしました。

また，子どもたちがワークシート上で塗ったハートを黒板にも反映していく計画にしました。そうすることで，子どもたちはより真剣味をもって考えてくれるのではないかというねらいがあります。

Point

みそさざいが迷っていたことを取り上げ，葛藤部分について考えていきます。

Point

もしも，やまがらが誕生日じゃなかったとしたら……という風に条件を変えることで，子どもたちの思考を浮き彫りにする問い返し発問を考えてみました。

Point

どの子でも参加できるように，学習活動のハードルを下げることにしました。「理由を書ける人は理由を書いてね」とすることで，みんなが学習に参加できるようにしていきます。

「二わの　ことり」　友情，信頼

(道導入)
T:「小学生になってから新しい友だちはできましたか？」
T:「どうやって友だちとなかよくなりましたか」
C:「あそんだ！」
C:「あいさつもする」
C:「いっぱいお話をする」
T:「今日は，みんなといっしょに，友達となかよくなるには？について考えます。お話は『二わのことり』です。」
⇓ (範読)
(T「いいお話でしたか？」)
T:「みそさざいさんは，まよっていましたね。どんなことを考えていたのかな」
C:「どちらにいこうかな」
C:「うぐいすのおうちたのしそう」
C:「やまがらさん，大丈夫かな？」
T:「うぐいすさんのところに行ってみそさざいさんは，たのしかったのかな？」
C:「最初は，たのしかった」
C:「だんだんたのしくなくなった」
T:「それは，何でかな？」
C:「やまがらさんのことが気になったから」
T:「やまがらさんのところに行くとやまがらさんが泣いていたね。なんで泣いたか分かる？」
C:「うれしかったから！」
T:「そのなみだを見て，みそさざいさんはどんなことを思ったのかな」
C:「さびしかったよね」
C:「はやく来たらよかった！」
C:「よろこんでくれてうれしいよ」
C:「これからも友だちだよ」
T:「ところで，たん生日だからやまがらさんの家に行ったのかな？もし，たん生日じゃなかったとしたら…」
C:「みそさざいさんは友だちおもいだから，行ったと思う」
C:「さびしい人は，ほうっておいたらダメ」
T:「さて，このお話で，みそさざいさんとやまがらさんは，どれくらいなかよしになったと思いますか？！なかよし，ハートなんこぶんくらい？」
← 書かせる
T:「なんこ分くらいかわけを言えますか」
C:「2こ分！二人ともうれしくなったから」
C:「3こ分，もっとなかよくなれたから」
C:「たくさん！だから…「なかよくなった！」」
T:「それくらいなかよくなるには何が大切だと思いましたか？」
C:「あいての きもちを かんがえる」
C:「じぶんから，こえを かけにいく」
ふりかえり。
(終末) 説話。

授業後の感想

子どもたちの思考は「誕生日だったから，行ってあげた方が嬉しいよね」という方向に傾いていました。そこで「もしも誕生日じゃなかったらどうしていただろうね？」と問い返すと「1人にしておけないから，行った方がい

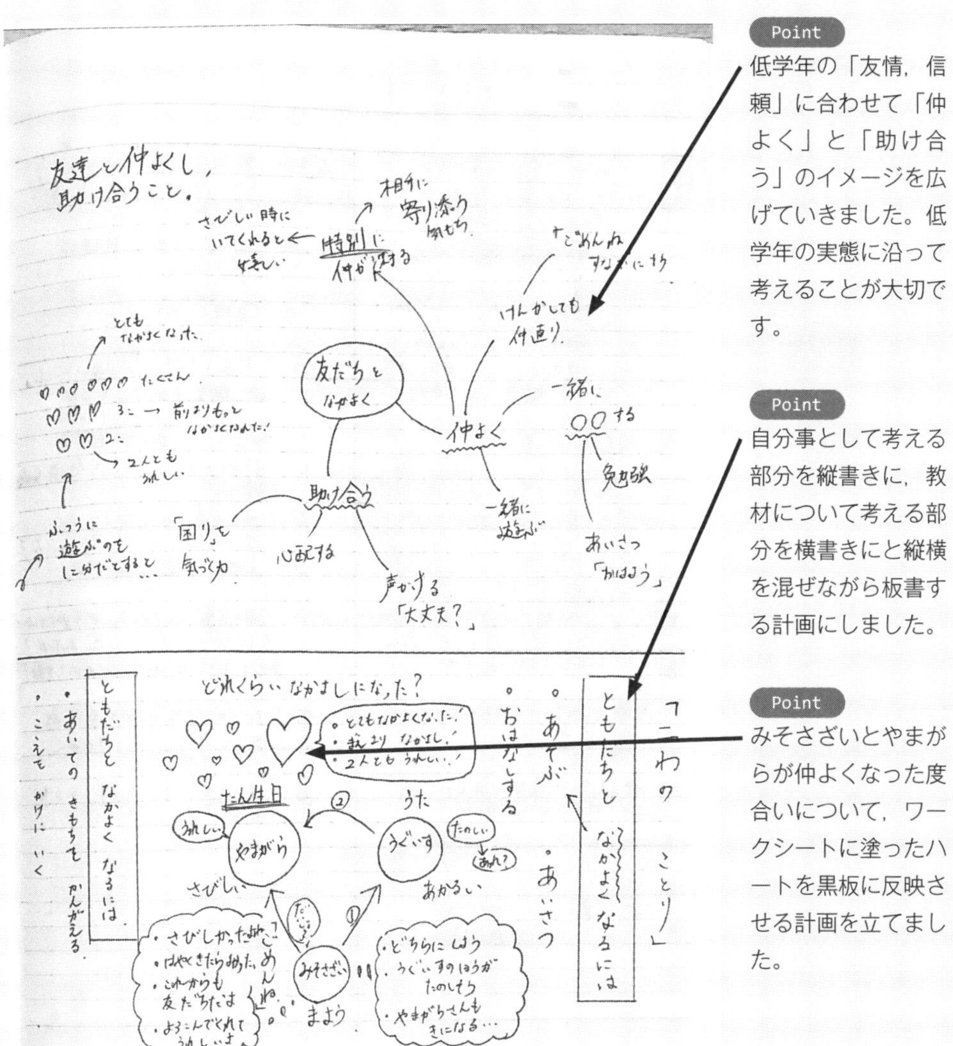

Point

低学年の「友情，信頼」に合わせて「仲よく」と「助け合う」のイメージを広げていきました。低学年の実態に沿って考えることが大切です。

Point

自分事として考える部分を縦書きに，教材について考える部分を横書きにと縦横を混ぜながら板書する計画にしました。

Point

みそさざいとやまがらが仲よくなった度合いについて，ワークシートに塗ったハートを黒板に反映させる計画を立てました。

い！」と１人で寂しい思いをしているやまがらに気づけました。ハートを塗る活動では，虹色に塗って「これくらい仲良くなった！」という意見や赤と青を半々に塗って「寂しい気持ちがあったけど仲良くなれた」という意見もありました。全員参加できる学習活動を意識していきたいものですね。

08 B　友情，信頼
「ロレンゾの友達」

６年生の教材です。内容項目は「友情，信頼」です。ロレンゾの友達のアンドレ，サバイユ，ニコライ……それぞれに「友達」に対する考えがあって，大人でも誰に共感するのかなと悩む話になっています。

教材の概要と押さえどころ

①概要

警察に追われているロレンゾから20年ぶりの再会を楽しみにしているという手紙がきます。アンドレ，サバイユ，ニコライはロレンゾに対して，どうするべきなのかという話をします。翌朝，疑いの晴れたロレンゾと再会し喜びますが，昨日疑っていたことは言い出せず……。

②押さえどころ

この話では，考えたいポイントが２つあります。１つ目のポイントは「誰の考えに共感するか」ということです。「お金を持たせて逃がす」アンドレ，「自首をすすめる」サバイユ，「自首をすすめ，自首しないなら警察に知らせる」ニコライ，それぞれの言い分には理由があって悩むところです。２つ目のポイントは翌日にロレンゾを疑っていたことを言わなかったことです。「言わなかった」のか「言えなかったのか」も争点になりそうです。

■ 素材分析を充実させる

この教材は本当におもしろいです。この教材を読み終えたとき，妻に「どの人に共感する？」と思わず聞いてしまいました。（妻は教員ではありません）

以下，私なりの分析です。「お金を持たせて逃がす」と答えたアンドレは共感度合い100％の人柄です。ロレンゾの置かれている立場に思いをふくらませたのでしょうね。ただし，社会的に考えるとこの対応でよいのかどうか。

「自首をすすめ，自首しないなら逃がす」と答えたサバイユは，正義感50％，親切心50％といったところでしょうか。一見すると，ロレンゾに正しい道を示そうとしているようにも捉えられるし，ロレンゾに選択肢を委ねてしまっているとも捉えられそうです。

「自首をすすめ，自首しないなら警察に知らせる」と答えたニコライは正義感100％です。法的に考えると間違いはなさそうだけれど……義理人情的にはどうなのかと悩んでしまいます。

さて，読者のみなさまはどの考え方に共感しますか。こんな風に自分も悩みながら教材を読むと楽しさ倍増です。

■ 思考を促せる板書計画にする

３人の考えを比較できるように，97ページにあるように対比型の板書計画にしました。ネームプレートを貼らせることで，子どもたちが誰に共感しているのかが一目瞭然になります。三角に配置することで，「自首をすすめる」という部分に共感し，サバイユとニコライの間に貼るという子も出てくるかもしれませんね。今回の板書計画では「本当の友情」について考えたことを周りのスペースにどんどん書いていけたらという考えから，余白スペースを多めにとることにしました。

3人の考えについて，出てくる意見を想定しておきます。こうすることで，問い返し発問をイメージすることができます。

Point

ロレンゾに本当のことを言うかどうか「自分だったらどうするか」を考える発問を入れました。自分事へとつなげていきます。

Point

反省点を書き込んでいます。「範読を切る方がよいか否か」「自分の身の回りの話に置き換えるには」と，次に同じ授業をするならどうするかを考えておきます。

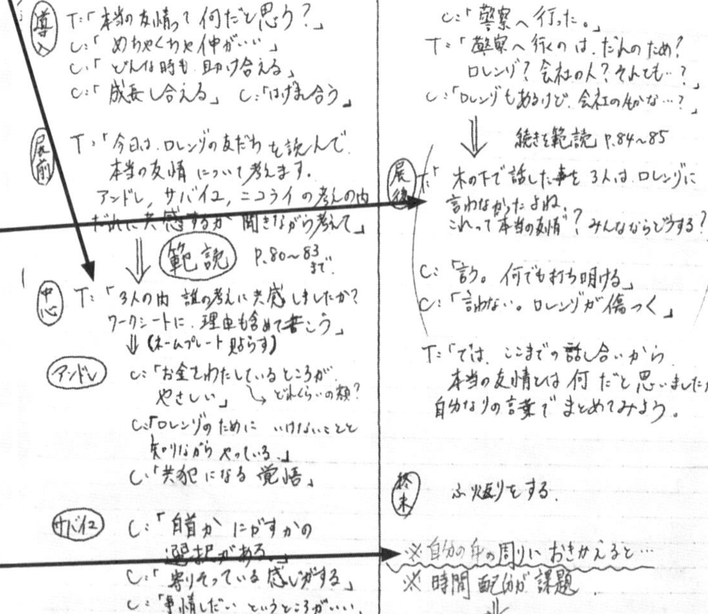

「ロレンゾの友達」
本当の友達
導入
T:「本当の友情って何だと思う？」
C:「めちゃくちゃ仲がいい」
C:「どんな時も助け合える」
C:「成長し合える」 C:「はげまし合う」
展開前
T:「今日は、ロレンゾの友だちを読んで、本当の友情について考えます。
アンドレ、サバイユ、ニコライの考えの内だれに共感するか聞きながら考えて」
範読 P.80～83まで
中心
T:「3人の内誰の考えに共感しましたか？ワークシートに、理由も含めて書こう」
（ネームプレート貼らす）
アンドレ
C:「お金をわたしているところが、やさしい」
どれくらいの額？
C:「ロレンゾのためにいけないことと知りながらやっている」
C:「共犯になる覚悟」
サバイユ
C:「自首かにがすかの選択がある」
C:「寄りそっている感じがする」
C:「事情しだいというところがいい」
T:「やむをえない事情って、どんな事情？」
C:「家族のこと、命のこと」
C:「ロレンゾも誰かを助けている？」
ロレックスのうでどけい、車ならどう？
ニコライ
C:「つきそうのが優しい。勇気のいる行動。」
T:「なぜ勇気がいる？」
C:「周りの人の目がある。」
C:「友達が犯罪者となってしまう」
一緒に行くと、周りの人からそんな目で見られるかもよ。それでも行く？
C:「警察へ行った。」
T:「警察へ行くのは、だれのため？ロレンゾ？会社の人？それとも…？」
C:「ロレンゾもあるけど、会社の人かな…？」
続きを範読 P.84～85
展開後
T:「木の下で話した事を3人は、ロレンゾに言わなかったよね。これって本当の友情？みんならどうする？」
C:「言う。何でも打ち明ける」
C:「言わない。ロレンゾが傷つく」
T:「では、ここまでの話し合いから本当の友情とは何だと思いましたか？自分なりの言葉でまとめてみよう。」
終末
ふり返りをする。
※自分の身の周りにおきかえると…
※時間配分が課題
・展開後にいかに早くいけるか。
・通読の方がいいか？

授業後の感想

この授業では，最初と最後に「本当の友情とは？」と問いました。最初は，「友達のことを全て把握すること」「本当のことを言えること」と言っていた子どもたちですが，教材を通して話し合いを重ねていった結果，考えが変わ

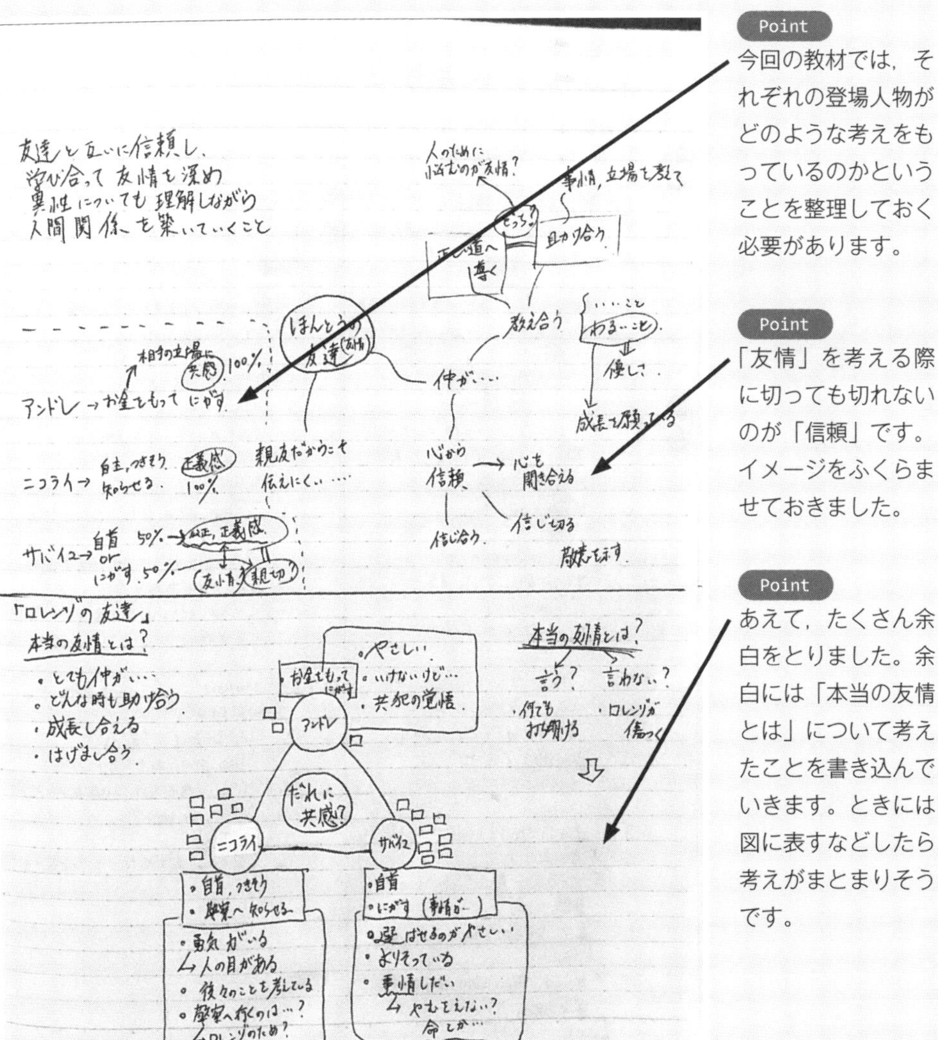

Point
今回の教材では，それぞれの登場人物がどのような考えをもっているのかということを整理しておく必要があります。

Point
「友情」を考える際に切っても切れないのが「信頼」です。イメージをふくらませておきました。

Point
あえて，たくさん余白をとりました。余白には「本当の友情とは」について考えたことを書き込んでいきます。ときには図に表すなどしたら考えがまとまりそうです。

っていったようです。「ときには厳しく，ときには優しく，ときには何か隠す」ことがいるのかもしれないという意見も出ていました。まるで何かの歌詞みたいですが，こうやって考えが変わっていくのが授業をしている醍醐味でもありますね。ちなみに私自身は友情についていまだに悩んでいます。

09 C　公正，公平，社会正義
「名前のない手紙」

５年生の教材です。内容項目は「公正，公平，社会正義」です。この教材は「いじめ」に関する教材です。教科書には，いろいろなテーマの話がありますが，「いじめ」を扱うものは特に大切にしていくべきではないでしょうか。

教材の概要と押さえどころ

①概要

クラスのみんなから仲間はずれにされている「わたし」。実はミッコからの指示で仲間はずれにされているのでした。

ある日のこと，「わたし」の筆箱に名前のない手紙が入っていました。内容は「わたし」のことを励ますものでした。

やがて，吉野さんが転校することになりました。お別れの日，吉野さんは「井上さん（わたし）のことを仲間はずれにしてごめんなさい」とみんなの前で伝えます。

②押さえどころ

この教材はおおまかに分けると上の３つの場面になります。「ミッコ」のいじめに対してどのように考えるのか。「いじめはダメ」と口で言うのは簡単なことです。でも，現実にこういう場面に出くわしたとしたら，本当に止めることができるのかどうか……わかっていてもいじめを止めることは難しいというのは人間理解の部分に当てはまりそうです。そしてＣの内容項目なので「集団」ということも意識して教材研究を進めていきます。

Ｃの視点（集団の視点）で教材研究をする

さて，主な登場人物は３人いますが，どの登場人物に注目して授業を組み立てればよいでしょうか。いじめられている「わたし」の心情を追うような展開だと，「わたし」がどうすればよかったかというＡ（主として自分自身に関すること）の視点の授業になってしまいそうです。

「私と吉野さん」や「私とミッコ」の関係性に注目して授業を組み立てていくと，今度はＢ（主として人との関わりに関すること）の視点の授業になってしまいそうです。

ここでは，「名前のない手紙はなぜ送られたのか」と手紙が送られた事実に対して俯瞰的に着目することや，クラスという集団の関わりの中で吉野さんは「どんな思いで言葉を残したのか」という「集団」を意識した流れにしていきたいです。「集団」という言葉をキーワードにして考えるとＣ（主として集団や社会との関わりに関すること）ならではの，「集団の中で自分はどのように立ち振る舞うか」というところを考えることができそうです。

さらに別の視点で考える

Ｃの内容項目の教材を扱うときには，教科書に出てこない人物にもスポットを当てていくと子どもたちの考えを深堀りすることができます。

「ミッコともともと仲のよかった友達は注意することができただろうか」「『わたし』に寄り添う友達はいたのだろうか」「吉野さんと同じような気持ち（いじめを止めたい気持ち）になっていた人はクラスにいたのだろうか」このように登場していない人物にもスポットを当てていくと「集団」ということをより意識しながら考えることができます。視点をずらす発問は，問い返し発問として入れていくと子どもたちの思考が広がっていくのでおすすめです。

Point
導入では，正義のヒーローから話に入ることで「正義」についてイメージをもちやすいようにしました。

Point
「やっていることがおかしい」に対して，「だったらなぜすぐに言わなかった？」と問い返し，すぐには言えないという人間の弱さの部分にも共感させていきます。

Point
吉野さんには最初から正義の心があったのかという問いを入れて，「正義はみんなの心の中にある」「だんだん出てくる」ということに気づければと考えました。

5年
「名前のない手紙」　正義

導 T:「正義のヒーローと聞いて思いつくのは？」
C:「アンパンマン」「ウルトラマン」「スパイダーマン」
T:「これらのヒーローは，なぜ，正義のヒーローと呼ばれるのでしょう？」
C:「悪者をやっつける」「弱い者をたすける」「やさしい」
T:「みんなにとっての正義は何なのかを『名前のない手紙』を読みながら考えます。」
⇓ 範読
展前 T:「名前のない手紙はなぜ送られたの？」
C:「本当は，いじめたくない。」
C:「少しでもはげましたい」
T:「だったら，なぜ『名前』を書かなかったのかな？」
C:「ばれたらターゲットにされると思ったから」
C:「本当は…勇気が出なかった」
T:「ところで，この手紙は，誰から届いたの？」
C:「吉野さん」
中心 T:「吉野さんは，最後に言葉を残しました。どんな思いで，言葉を残したのでしょうか。」
C:「このまま転校したら心苦しいと思った。」
T:「ということは…自分のため？」
C:「いや…私のため，だと思う」
C「もしかしたらミッコのため？」
T:「他にはどうですか？」
C:「反省している」
C:「ひどいことをした」
C:「やっていることがおかしいという注意」

T:「だったら，なぜすぐに言わなかった？」
C:「自分もいじめられるのがいやだった。」
T:「そもそも転校していくからもう関係ないのでは？」
C:「それでもやっぱり許せなかった。」
C:「自分自身へのけじめ」
C:「正義のため」
展後 T:「正義のため という言葉が出ましたが，そもそも，どういう意味なんだろう？」
C:「いじめをとめる」
C:「勇気を出して言う」
C:「自分自身にけじめをつける」
C:「手紙ではげます？」
C:「見ているだけではだめ 行動にうつす」
C:「見すごさない」
終末 T:「吉野さんは最初から正義がありましたか」
C:「なかった」
C:「あったけど出せなかった」
T:「ということは，人は変わることができるということですね。」

授業後の感想

実は，この授業は飛び込みで行ったものでしたが，たくさん意見が出ていました。話し合いは，教材で登場していない人物のことを発問した辺りから白熱していきました。子どもたちから「ミッコの親友（登場していない人

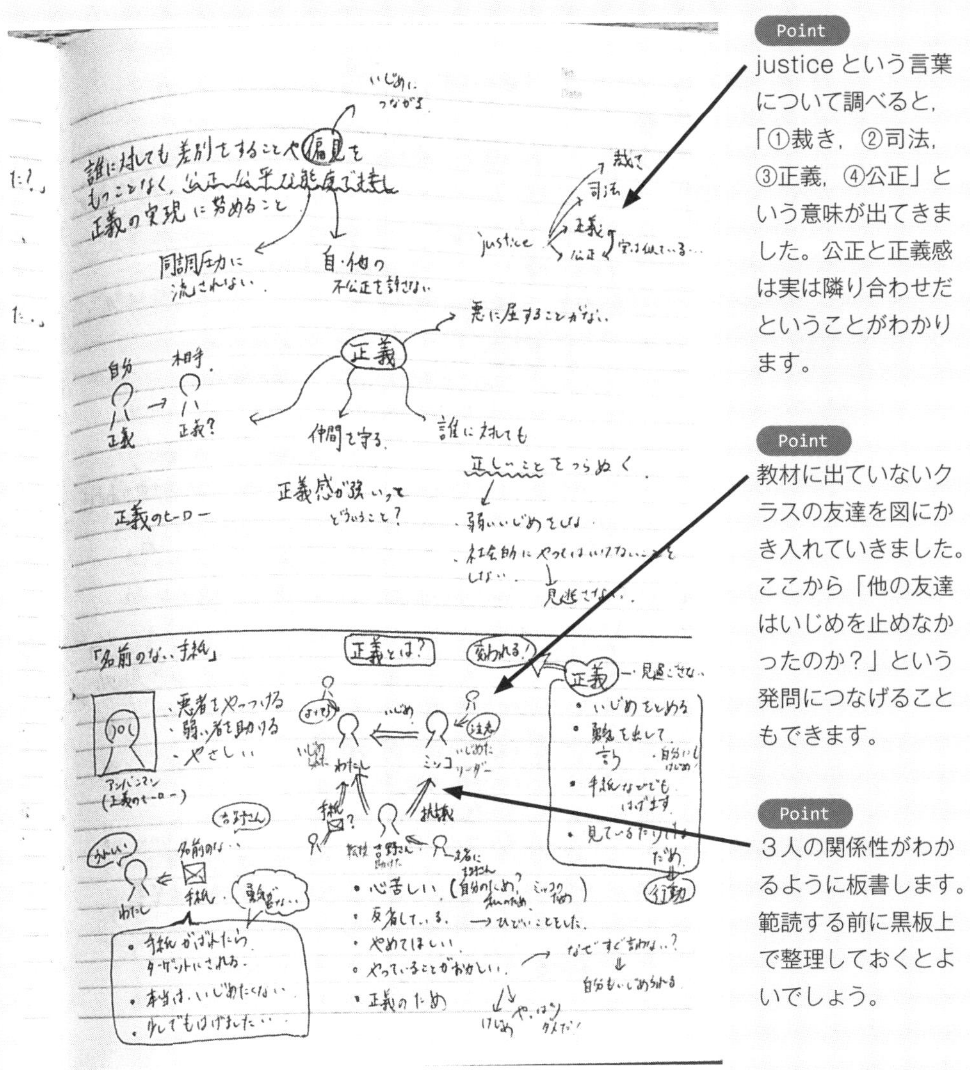

物）は仲がよすぎて言いにくかったのかもしれない」や「手紙では感情は伝えられないけど，言葉にすると（いじめをしてはいけないという）感情も伝えられる」という意見が出てきたことが印象的でした。このようにCの教材では「集団」を意識した授業展開にしてみてはいかがでしょうか。

10

C　伝統と文化の尊重，国や郷土を愛する態度

「天下の名城をよみがえらせる　―姫路城―」

６年生の教材です。内容項目は「伝統と文化の尊重，国や郷土を愛する態度」です。世界文化遺産でもある姫路城。姫路城には歴史とロマンと人々の願いがたくさん詰まっています。そこを子どもたちと一緒に解き明かしていきたいですね。

教材の概要と押さえどころ

①概要

太平洋戦争を経て，ぼろぼろになった姫路城。1346年に築城されてから，昭和の大修理，平成の大修理と何度も修理されてきました。

②押さえどころ

姫路城の再建にはたくさんの人の願いが込められています。姫路市に住む人々，地元の大工，工事責任者の加藤さん，宮大工の和田さん。これらの人々の願いを明らかにしていくことで，ふるさとの誇りに目を向けていきます。

基礎知識を蓄える

偉人や文化遺産などの実在するものを扱う話では，基礎知識を蓄えておくことが大切です。例えば，今回の姫路城においては「いつ築城されて廃城されたのか」「太平洋戦争以降，どのように修理されてきたのか」「修理に使う木材はどのようなものが必要か」「姫路城の特徴は何か」ということを調べ

ておく必要があります。これらのことは教材とともに事実として提示すると，よりリアリティをもって考えることができるからです。教科書を読んでいて足りない情報は，本やインターネットから集めておくとよいでしょう。

学習活動を工夫する

教材を読むと，姫路城を「残したい」「守りたい」という人々の願いにはすぐに気づくことができるでしょう。ここから話し合いにするためには，もう一工夫が必要とされます。今回は人々の願いをレーダーチャートで表す活動を取り入れてみることにしました。方法は以下の通りです。

・人々の願いをキーワード化して出し合う（５つくらい）
・キーワード化したものからレーダーチャートを作成する。どの思いが強いかを考える
・なぜ，その形になったのかをグループや全体で交流する

レーダーチャート化することで，願いの強さが可視化され話し合いが活発に行われました。

「私にとって」を大切にする

さて，他の内容項目と同様に「ふるさとの誇り」についても自我関与をして考えることができたらよいですね。そこで「私にとってのふるさととは」を考えることにしました。教材を使って話し合ったことを活かすために，「自分だったら，レーダーチャートのどの部分を大切にしたいですか？」と投げかけます。授業後に気づいたのですが，ふるさとに対する自分の思いをレーダーチャートに色を変えて重ねてかくのもおもしろそうです。

Point

姫路城についての基礎知識を整理していきます。この時間は話し合いの前段階であるため，テンポよく進めていくことを意識します。

Point

全体交流で，レーダーチャートで挙げるキーワードを探っていきます。
この活動に慣れているのであれば，最初から個人でキーワードを探り，自分でレーダーチャートをつくるのもよいです。

Point

「あなたにとって」を問い，自分事として考えていくことを大切にします。

天下の名城もよみがえらせる ―姫路城―

ほこりある郷土

導入
T:「さて、いよいよ修学旅行が近づいてきました。みなさんは姫路城って知ってますか？」
C:「知ってる！行ったことある」
C:「どんな城かはよく知らない…」
T:「実は1346年に築城されました。675年前なんですね。なぜ今も残っているのか…お話を読んで考えましょう！」

範読

展前
T:「あらためて、姫路城について分かったことは？」
C:「昭和の大修理があった！」
C:「平成の修理」
C:「国宝で世界文化遺産に登録された！」
T:「実は、明治にも大修理されたらしい」
T:「そして、城主には有名な秀吉もいました」
C:「太平洋戦争でつぶれかけた！」
T:「そうですね。そして、守ろうという声が集まり大修理に至ったわけですが、そこにはどんな思いがあったでしょう。キーワードで言うと？」短く
C:「郷土(ふるさと)を守りたい！」―①
C:「あきらめない心」―②
C:「伝統でうけついできたから」―③
C:「ふるさとのほこりだから」―④
C:「残したい気持ち！」―⑤
→※これらも使ってレーダーチャートにする。

T:「どの思いが強いのでしょうか？」
T:「レーダーチャートに書きこんで、理由も書いてみましょう。」
① C:「なくなってしまうのはいやだから」
C:「うけついできたものだから」
② C:「努力してでも残す方がいい！」
T:「なぜ、努力してまで？」
C:「思いがこめられている」
T:「どんな？」 C:「昔の人の思い」
③ C「国宝になった」
T:「国宝になったから大切にする？大切にしてたから国宝になった？」
④ C:「ほこりだから！」
T:「誰にとって？」 C:「姫路の人」 C:「日本全体！」
⑤ C:「大切なものだから残したい」
C:「思いがこめられている」

展後
T:「姫路を残そう、守ろうという人々の思いについて考えました。姫路の人にとって姫路城がふるさとでは、あなたにとってのふるさととは？あるいは、ふるさとを残すには？何が大切なのでしょうか？考えをまとめましょう。」

終末
ふりかえり
「修学旅行でも思いを感じながら天守閣に行ってみよう」

授業後の感想

「姫路城への思い」をレーダーチャート化するに当たり，子どもたちから出たキーワードは次のようなものでした。「I love 姫路城」「後世に伝えていく」「姫路の誇り」「姫路の軸であり，シンボル」「我が子のように思う」

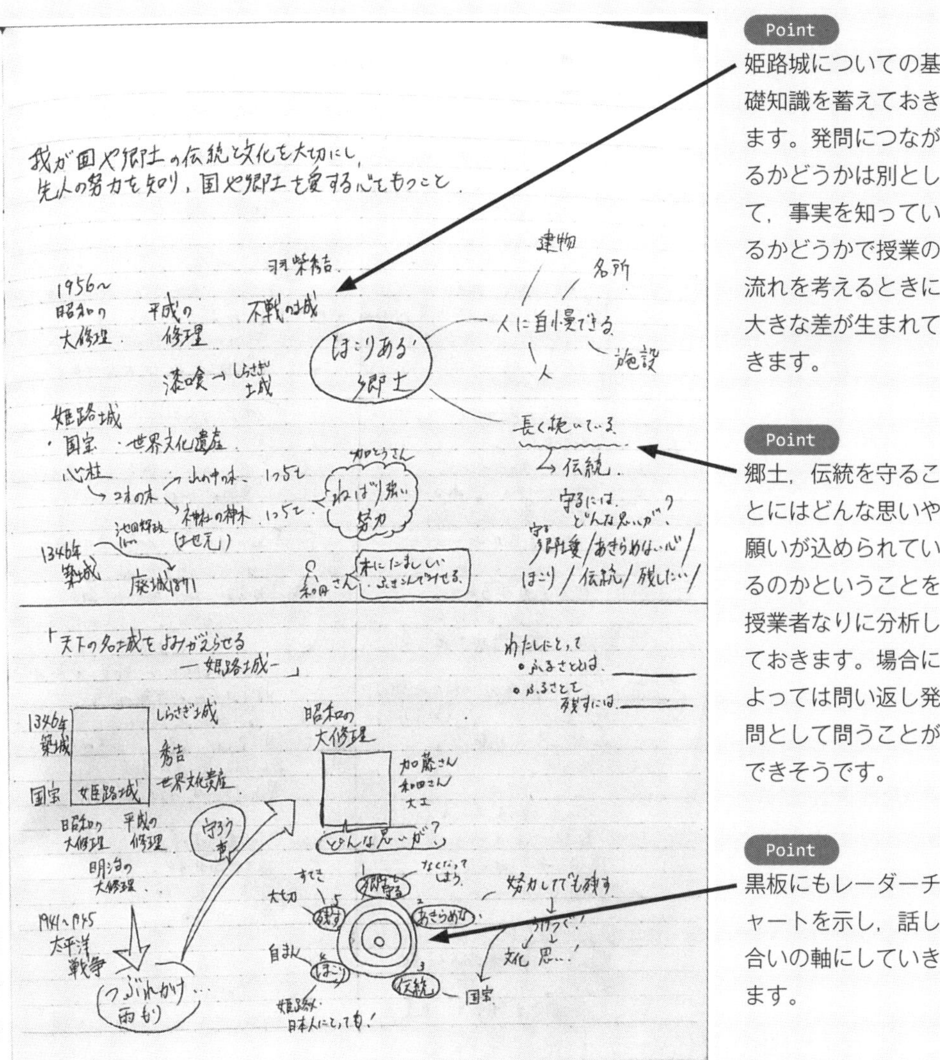

Point

姫路城についての基礎知識を蓄えておきます。発問につながるかどうかは別として，事実を知っているかどうかで授業の流れを考えるときに大きな差が生まれてきます。

Point

郷土，伝統を守ることにはどんな思いや願いが込められているのかということを授業者なりに分析しておきます。場合によっては問い返し発問として問うことができそうです。

Point

黒板にもレーダーチャートを示し，話し合いの軸にしていきます。

レーダーチャートは子どもによって形がバラバラになりました。こうやって，話し合いを活発にするために学習活動を一工夫することも試してみたらおもしろいです。「姫路城は築城されてから今まで姫路に住んできた人たちの願いが受け継がれてきている」という意見が印象的でした。

11 C　国際理解，国際親善「ペルーは泣いている」

５年生の教材です。内容項目は「国際理解，国際親善」です。これは実話をもとにした教材で，ペルーが舞台になっています。子どもにとっては，なじみの薄い「国際理解，国際親善」……どのように教材研究を進めていきましょうか。

教材の概要と押さえどころ

①概要

日本のバレーボール指導者，加藤明がペルーに渡り，女子バレーボールのチームを指導するという話です。

②押さえどころ

日本人の明の指導は，厳しいものでした。ペルーの人にはそれが受け入れられなかったのですが，一緒にごはんを食べたり，歌を歌ったりするうちに打ち解けていきます。この打ち解けていく過程を考えたいものです。

国と国の間にある「壁」を探る

「国際理解，国際親善」は簡潔にいうと，「国と国の垣根を越えて，仲良くしていくこと」といえそうです。仲良くしましょうという前に，そもそも国と国の間にはどのような「壁」があるのかを考えておく必要があるのではないでしょうか。私がこの教材を読んだときに思いついた壁は「言葉が通じない」「文化が違う」「考え方が違う」「好き嫌いが違う」でした。この部分については，子どもたちと一緒に考えていきたいですね。これらの壁を乗り越えるには……と発問に活かせそうです。

考えたくなる「しかけ」を用意する

ときには，子どもたちが思わず考えたくなるような「しかけ」を用意してみるのも一興かなと思います。今回は２つのしかけを用意しました。

１つはBGMです。範読している最中に，本文に出てくる歌「上を向いて歩こう」をスピーカーで流しました。子どもたちは臨場感をもって話を聞くことになります。

そして，もう１つは黒板に「壁」をかくというものです。心理的な壁は実際には目には見えないものですが，視覚化することで「どうやったら乗り越えることができるのか」という方に思考が向かいやすくなります。

あくまでもCの視点をもちながら教材研究を進める

Cの内容項目は，「主として集団や社会との関わりに関すること」であり，「集団」を意識して授業づくりをするということは「名前のない手紙」でも述べた通りです。

このように捉えると，加藤明やペルーの選手の一方からの視点だけで考えるのでは，不十分ではないかと考えました。ここでは，一歩引いて俯瞰的に捉えることも必要ではないでしょうか。

教材を通して壁を乗り越えるための「具体」を考えて，展開後段で「抽象的」に考えて，最終的に自分事として「具体的」に考えるという授業の流れが適していると考えました。具体と抽象の行き来がポイントです。

Point

「もしも，外国に行ったとしたら」と問うことで，自分事として考えるきっかけにします。そこから「壁」について考えていきました。

Point

壁を乗り越えるために，「明の視点で考えた大切なこと」と「ペルーの人の立場で考えた大切なこと」を出していきました。

Point

展開後段が一番大切なところになります。「一緒に歌を歌う」「ごはんを食べる」といった行動の根底にある考えを話し合いで明らかにしていきます。

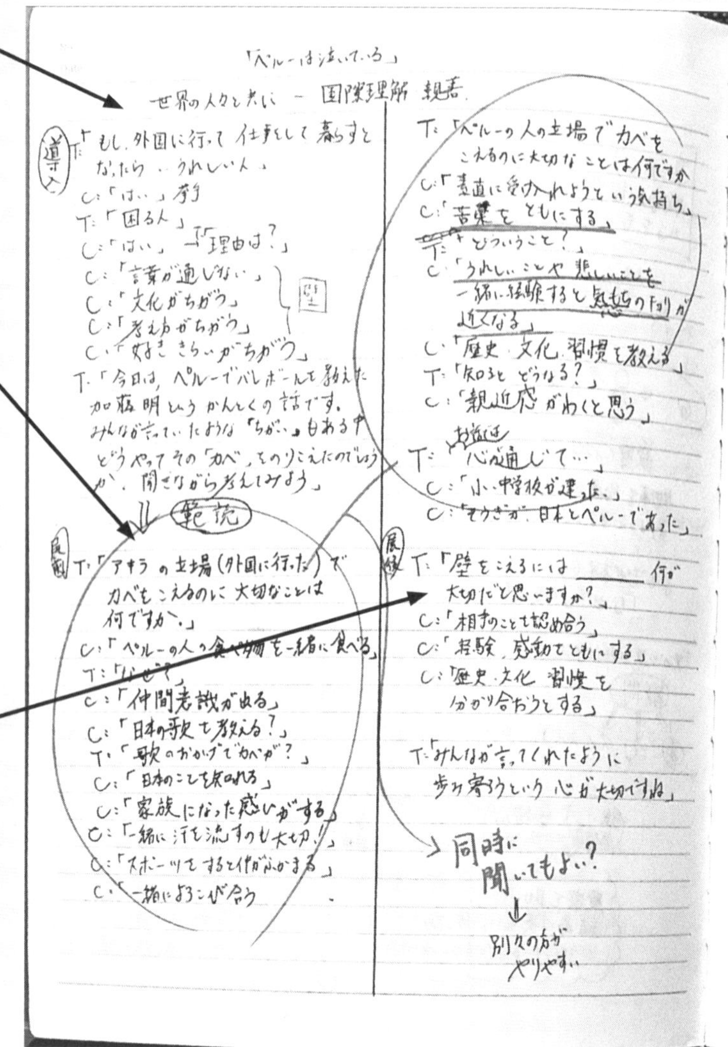

授業後の感想

おもしろい話し合いとなりました。理科で水溶液について学習していたことを思い出し「日本を塩として，ペルーを砂糖としたら混ぜても混ざらない。共通となる水（歌や食べ物）が必要だよ」という意見。それを聞いた別の子

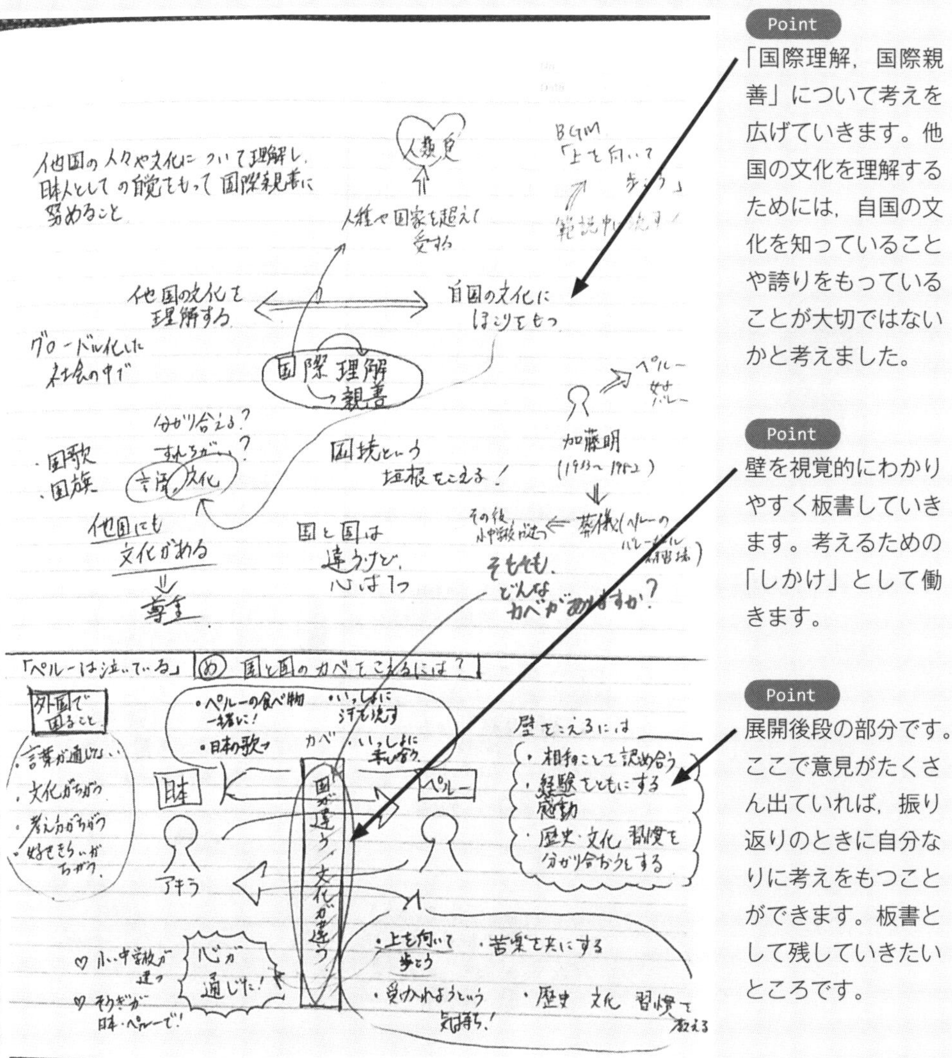
Point
「国際理解，国際親善」について考えを広げていきます。他国の文化を理解するためには，自国の文化を知っていることや誇りをもっていることが大切ではないかと考えました。
Point
壁を視覚的にわかりやすく板書していきます。考えるための「しかけ」として働きます。
Point
展開後段の部分です。ここで意見がたくさん出ていれば，振り返りのときに自分なりに考えをもつことができます。板書として残していきたいところです。
他国の文化を理解する
自国の文化にほこりをもつ
国際理解
親善
加藤明
そもそも，どんなカベがありますか？
「ペルーは泣いている」
め 国と国のカベをこえるには？
外国で困ること
日本
ペルー
アキラ
国が違う，文化が違う
心が通じた！
壁をこえるには
・相手のことを認め合う
・経験をともにする
・歴史・文化 習慣を分かり合おうとする

が「だったら，お湯の方がいいよ。お湯っていうのはお互いのことをよく知れたという愛情のことだよ」とつなげてくれました。そこから「お互いの国のことをリスペクトする必要がある」「支え合いが必要」と自分なりに真剣に考えている様子が見られて嬉しくなった次第です。

12 D　生命の尊さ「命のアサガオ」

６年生の教材です。内容項目は「生命の尊さ」です。この教材は，白血病になった光祐くんが，その命を最後まで大切にしながら生きようとする話です。「命」を扱うテーマは奥が深く，難しさもあります。

教材の概要と押さえどころ

①概要

新潟県で生まれた丹後光祐くん。６歳の頃に白血病を発症します。闘病生活を経て，９月に息を引き取りました。その光祐くんが大切に育てていたアサガオは「命のアサガオ」を呼ばれるようになりました。

②押さえどころ

「命は大切です」ということは子どもたちも理解はしていることでしょう。そこに実感をもてているのかどうか。実感をもつにはどうしたらよいのか。これらを考えながら教材研究を進めていく必要がありそうです。

導入を工夫してみる

「命」をテーマにしていますので，「命と聞いてイメージするものは何？」や「長生きしたいですか？」という導入をしようかと考えましたが，どうもしっくりこない……そこで，考えを煮詰めていたところ「命と電池を比較する」ということを思いつきました。実は，５年生の教材に「『命』」というものがあります。教材の詩の中に「命はとても大切だ　人間が生きるための電池みたいだ」という一節があります。これを見て閃きました。「命」と「電池」を比較することで，「命は１つしかないもの」「代わりがないもの」ということを導入で確認していきます。（ちなみにこのときの子どもたちは，５年生のときに教材「『命』」を授業で取り扱っていませんでした）

「題名」を有効活用して発問をつくる

国語であれ，道徳であれ，題名は物語を読み解く大きなヒントになることが多いです。だからこそ，国語では題名読みという活動があります（単元の導入時に題名から話を予想する）。道徳は，物語の読解ではないので，題名から話を予想することはあまりしませんが，それでも題名には作者の伝えたいことが込められている可能性が大いにあります。今回の「命のアサガオ」は本文中にも出てきており，言葉の意味やそこに込められている願いを考えてみたいところです。

「命」にどう向き合うか

「生命の尊さ」は内容項目のＤです。ここでは，誰かの思いや願いを考えるだけで終わらせるのではなく，「命」にどう向き合うかということを考えていきたいものです。長生きできることは喜ばしいことだけれども，「命を大切にする」＝「長生きする」だけが全てではありません。「どのように生きていくのか」「限られた人生をどう過ごすのか」ということにも目を向けていきたいものですね。

Point

まずは，範読後に光祐くんの生き方について思ったことを自由に交流するところからスタートしました。

Point

題名にもなっている「命のアサガオ」についての発問です。タイトルは発問をつくる際のヒントになることが多いです。

Point

説話を用意していました。ジョブズの名言からの引用です。ただし，今回は子どもたちの話し合いの様子から，説話が不要だと判断し，紹介しませんでした。

授業後の感想

命と電池を比較する。この導入のおかげで，展開後段での話し合いが深まりました。子どもの発言として出てきたのが「電池は大量生産できるし，みんな同じものである。命は１つしかないし，使い方によって形を変えられる

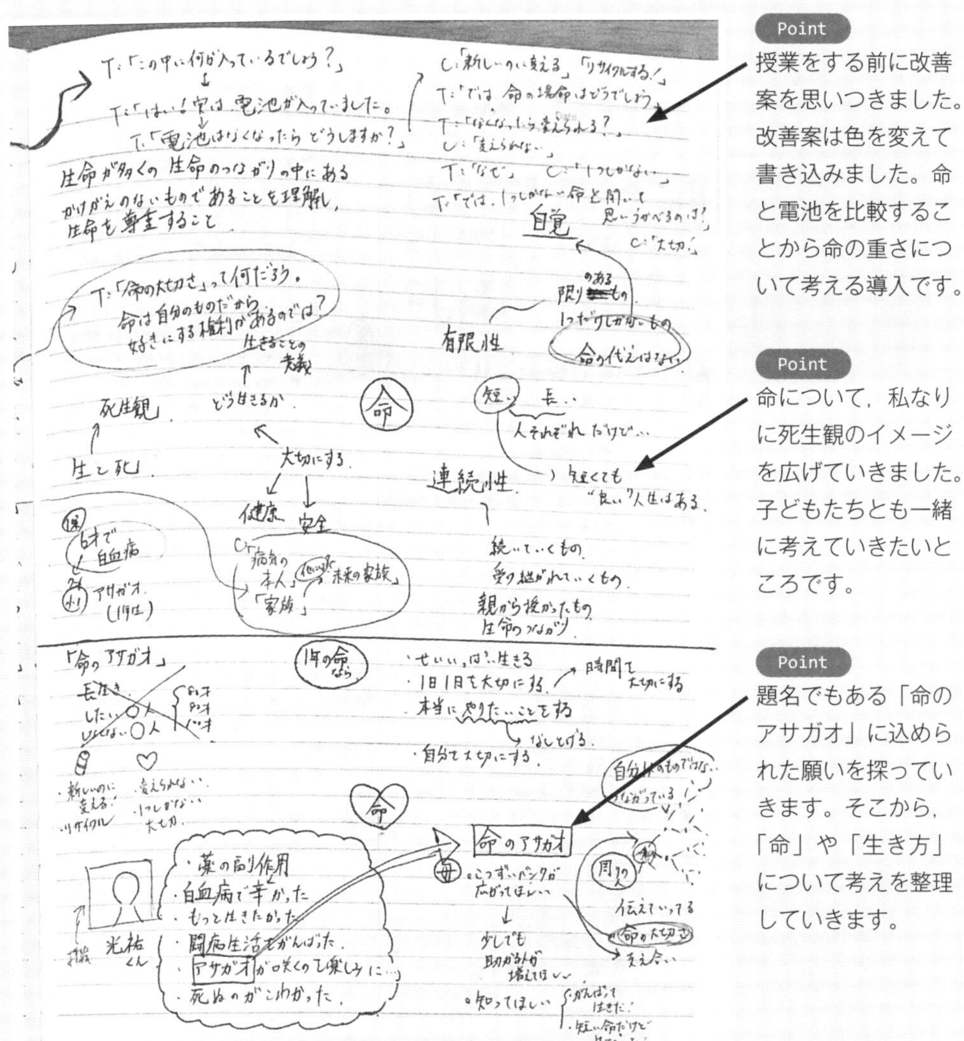

Point

授業をする前に改善案を思いつきました。改善案は色を変えて書き込みました。命と電池を比較することから命の重さについて考える導入です。

Point

命について，私なりに死生観のイメージを広げていきました。子どもたちとも一緒に考えていきたいところです。

Point

題名でもある「命のアサガオ」に込められた願いを探っていきます。そこから，「命」や「生き方」について考えを整理していきます。

(長生きできる)」「人生は1回だけ。命は絶対に交換できない。だから，1日1日を大切に生きる」というものでした。子どもたちなりに，命の有限性について考えている様子が伝わってきました。何かと比較して思考に変化をつけるのも，思考を深める方法の1つになるのではないでしょうか。

〈実際の板書〉

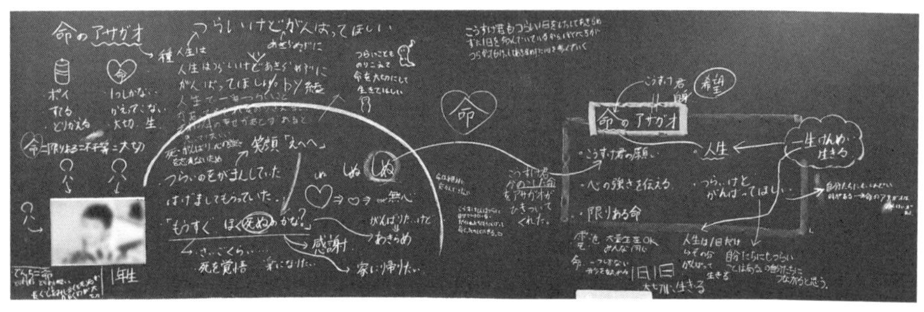

実際の板書はこのようになりました。私は板書のときに図をよく使うのと，参加型板書（子どもたちにも書いてもらう）ということを大切にしています。

この授業は年度当初に行われたものなので，子どもたちは板書に自分の意見を書きにくるのは初めてでした。なので，かなり長めの文章を書きにきています。慣れてくるとキーワードで書いたり，図を描いたりするようになってきます。長い文章は書くのに時間がかかる上に，口で言えばすむことが多いです。キーワード化されて文章が短かったり，図で描いたりするからこそ対話が生まれると考えています。

〈写真①〉

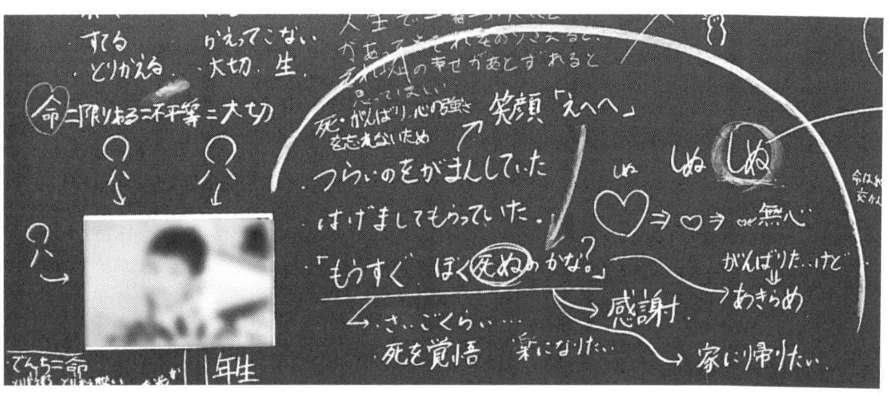

〈写真②〉

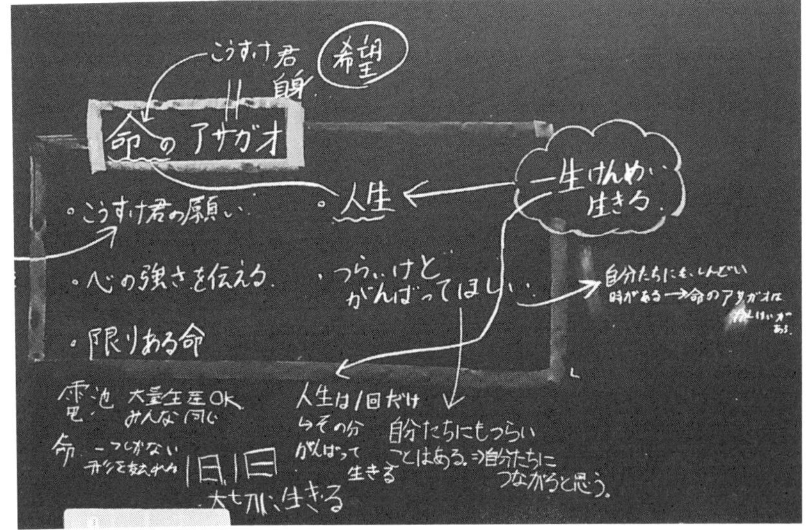

写真①は「光祐くんの生き方」について話し合ったことについてです。子どもたちの中では「ぼく……もうすぐ死ぬのかなあ」という言葉が重く響いたようで，死ぬ怖さや頑張りたいけれど諦めの気持ちもあるのではということを語っていました。

写真②は「命のアサガオ」に込められた願いについてです。「命のアサガオ」は光祐くん自身であり，希望が込められているという気づきでした。

下の写真は，展開後段の子どもたちの気づきです。子どもたちなりに真剣に考えている様子が伝わるでしょうか。

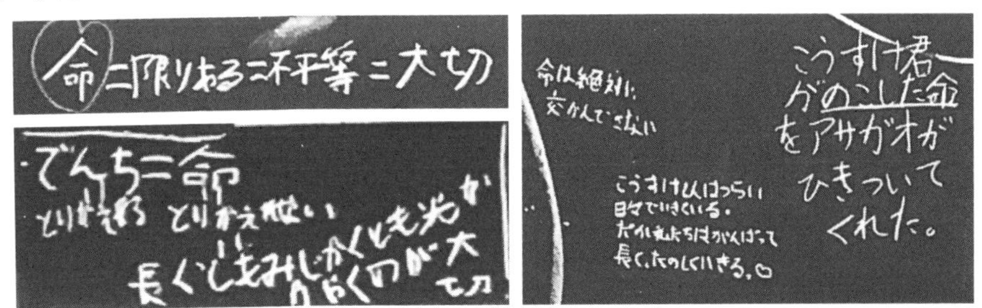

13

D　よりよく生きる喜び

「上を向いて歩こう」（歌詞から考える道徳）

さて，この章のラストは歌詞から考える道徳です。永六輔の楽曲「上を向いて歩こう」から考える道徳を５年生の最後に行いました。コロナでどんよりとしていた世の中。少しでも，上を向いてほしいという気持ちからつくった授業です。

■ 教材の概要と押さえどころ

①概要

「上を向いて歩こう　涙がこぼれないように」何度も出てくるフレーズです。このフレーズと「よりよく生きる」を結びつけて子どもたちに考えさせていきたいと授業の展開を考えました。

②押さえどころ

歌詞から考える道徳では気をつけなければいけないことがあります。「歌詞と自分の経験を照らし合わせて考える」ということに意識を向けておかないといけません。それがないと，歌詞の読み取り……つまり国語になってしまいます。

■ 伏線の回収

さて，実はこの授業の前に伏線を張っていました。それが「ペルーは泣いている」の授業でした。「ペルーは泣いている」には「上を向いて歩こう」の歌が出てきていました。そのときに，実際にこの曲を聞かせていたのは，最後の道徳授業につなげたいという思いがあったからでした。

■ 最後の授業ではメッセージ性を大切に

「よりよく生きるとは○○です」という考えを押しつけるつもりは全くありません。最後の道徳にこの教材を選んだのは，私から子どもたちへのメッセージだからでした。

この年はコロナで「全校一斉休校」があった年の翌年でした。6月から始まったこの年の子どもたちの表情はコロナに対する不安から暗かったです。もうすぐ最高学年の6年生になるという3月。少しでも希望をもって最高学年になってほしいという思いがありました。

■ 「よりよく生きる喜び」の授業の留意点

教科書教材の「よりよく生きる喜び」には偉人教材が選ばれているケースが多々あります。偉人の生き方，生き様から「よりよく生きる喜び」ということを考えるためでしょう。（もちろん，例外もありますが）

偉人が選ばれているのは生き方のロールモデル（手本）になるからだと思います。子どもたちにとって，ロールモデルが示されていると考えるきっかけになりやすいのでしょう。

さて，今回のように歌詞から考える場合はロールモデルが見えにくいですよね。なので，歌詞の中の人物を浮き上がらせることや，それに近しい人物をあわせて示していくことが必要なのではないかと考えました。詳細については後ほどの解説にて紹介します。

Point

歌詞に出てくる人物がどんな人物なのかをイメージさせておきます。

Point

「涙がこぼれないように」や「上を向いて歩こう」から問いを立てていきました。ここを深めることが「よりよく生きる喜び」につながると考えています。

Point

戦後～高度経済成長期の様子がわかる追加資料（スライド）を提示しました。歌詞だけでは，「よりよく生きる喜び」を考えるには難しい部分があると考えたためです。

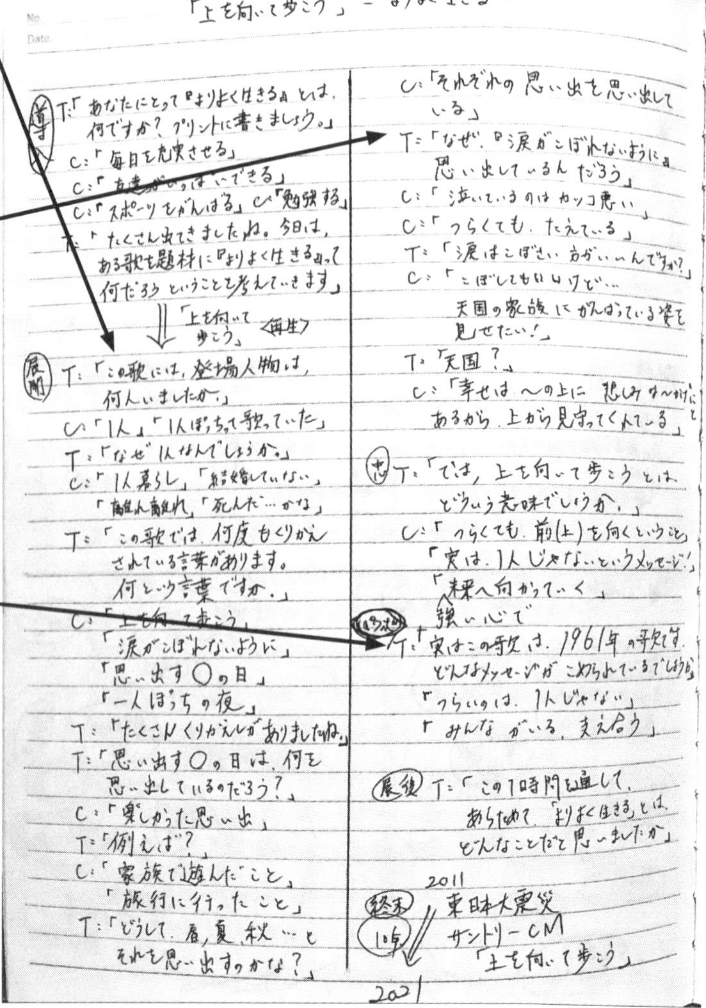
「上を向いて歩こう」 ― よりよく生きる ―

導 T:「あなたにとって『よりよく生きる』とは，何ですか？ プリントに書きましょう。」
C:「毎日を充実させる」
C:「友達がいっぱいできる」
C:「スポーツをがんばる」 C「勉強する」
T:「たくさん出てきましたね。今日は，ある歌を題材に『よりよく生きる』って何だろうということを考えていきます」
「上を向いて歩こう」〈再生〉

展開 T:「この歌には，登場人物は，何人いましたか。」
C:「1人」「1人ぼっちって歌っていた」
T:「なぜ1人なんでしょうか。」
C:「1人暮らし」「結婚していない」「離れ離れ」「死んだ…かな」
T:「この歌では，何度もくりかえされている言葉があります。何という言葉ですか。」
C:「上を向いて歩こう」「涙がこぼれないように」「思い出す○の日」「一人ぼっちの夜」
T:「たくさんくりかえしがありましたね。」
T:「思い出す○の日は，何を思い出しているのだろう？」
C:「楽しかった思い出」
T:「例えば？」
C:「家族で遊んだこと」「旅行に行ったこと」
T:「どうして，春，夏，秋…とそれを思い出すのかな？」

C:「それぞれの思い出を思い出している」
T:「なぜ，『涙がこぼれないように』思い出しているんだろう」
C:「泣いているのはカッコ悪い」
C:「つらくても，たえている」
T:「涙はこぼさない方がいいんですか？」
C:「こぼしてもいいけど…天国の家族にがんばっている姿を見せたい！」
T:「天国？」
C:「幸せは～の上に 悲しみは～かげにあるから，上から見守ってくれている」

T:「では，上を向いて歩こうとはどういう意味でしょうか。」
C:「つらくても，前(上)を向くということ」「実は，1人じゃないというメッセージ！」「未来へ向かっていく 強い心で」
T:「実はこの歌は，1961年の歌です。どんなメッセージがこめられているでしょうか」
「つらいのは，1人じゃない」
「みんながいる，支え合う」

展後 T:「この1時間を通して，あらためて『よりよく生きる』とは，どんなことだと思いましたか」

終末 10分
2011 東日本大震災
サントリーCM「上を向いて歩こう」
2021

授業後の感想

この授業は最後の道徳授業であり，そして授業参観も兼ねて行ったものでした。子どもたちだけではなく，保護者にも「上を向いて」ということを感じてほしいと思っての構想でした。考えることが多くて，まとまりのない感

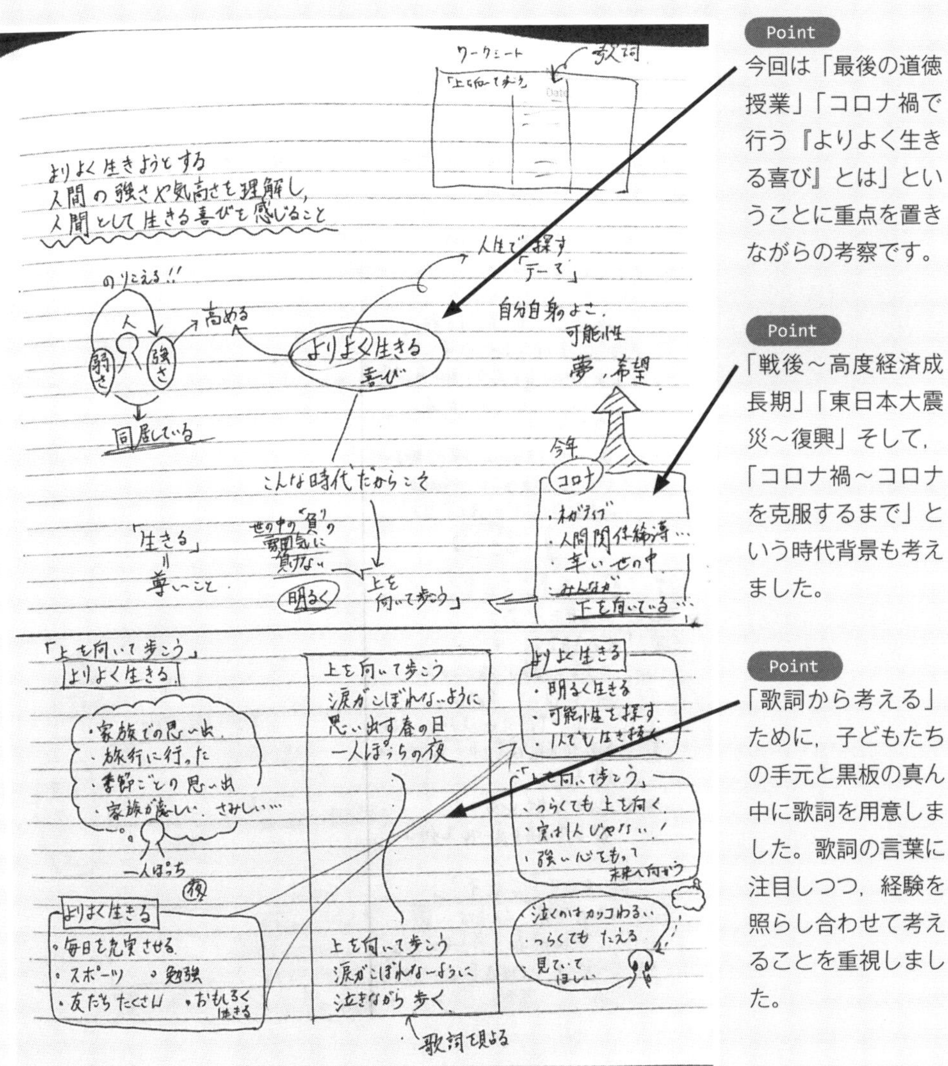

Point

今回は「最後の道徳授業」「コロナ禍で行う『よりよく生きる喜び』とは」ということに重点を置きながらの考察です。

Point

「戦後～高度経済成長期」「東日本大震災～復興」そして，「コロナ禍～コロナを克服するまで」という時代背景も考えました。

Point

「歌詞から考える」ために，子どもたちの手元と黒板の真ん中に歌詞を用意しました。歌詞の言葉に注目しつつ，経験を照らし合わせて考えることを重視しました。

じになったかもしれませんが，「上を向いて歩く」つまり「よりよく生きる喜び」の意味合いをそれぞれに感じ取ってくれていたように思います。歴史を学習した後の６年生で授業をしたら，より考えが深まっていたかもしれません。次に６年生を担任したら，もう一度挑戦してみたいと思っています。

〈実際の板書〉

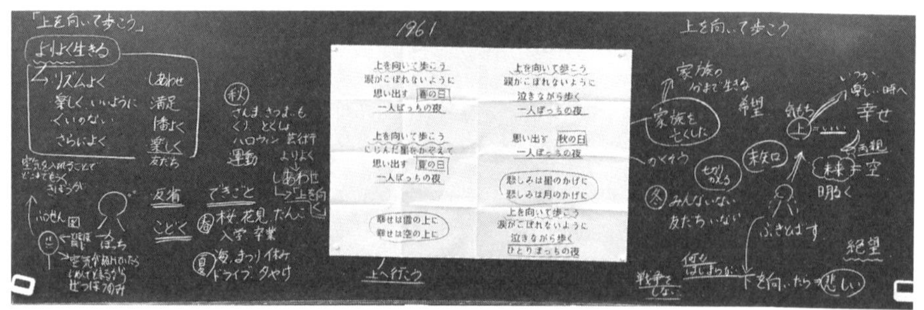

授業をするに当たっては，人物像を浮き彫りにするために，「思い出す春の日」「夏の日」「秋の日」はそれぞれどんなことを思い出しているのか……ということを考えました。（ただし，ここに関しては本題とは関係性が薄いので，もう少しあっさりと切り上げてもよかったかもしれません）

また，歌詞に「冬の日」が出てこない意味も考えました。おそらく，家族を亡くした主人公（歌詞の中の人物）は冬には，一人ぽっちになってしまって「家族がいない」「友達がいない」から，「思い出さない」「思い出せない」のかなという考えでした。

何度も出てきている言葉を子どもたちと一緒に確認しました。すると「上を向いて歩こう」「一人ぽっちの夜」「涙がこぼれないように」という３つのワードが浮かび上がってきました。なので，ここを中心に話し合いを進めていこうとなりました。

「歌詞」という文字だけを見て（あるいは聞いて）の学習なので，ここまでは国語の読み取りに近い部分もあることは否めません。

ここまでで，「登場人物の像」が見出せてきたので，「上を向いて歩こうにはどんな意味が込められているのか」や「涙はこぼれないようにした方がいいの？」についての話し合いを進めていきました。そして，さらに話し合いを深めるために，次ページに示す追加資料を提示しました。

■ ロールモデルの示し方

さて，この教材での話し合いをより深めるために，途中から追加資料としてこの歌が歌われていたときの時代背景を紹介していきました。

子どもたちにスライドで示したのが，「戦後～高度経済成長期」の人々の様子です。高度経済成長期は1955年～1973年頃のことを指します。戦後の焼け野原の何もない状態から，復興を果たし，年平均10%経済が成長していった時期です。

そして，この歌が歌われたのが，1961年。つまり，高度経済成長期真っ只中ということです。（ちなみに東京オリンピックは1964年ですね）

この時代的な背景も含めて，「上を向いて歩こう」にはどんな意味が込められているのかということも考えてほしかった……いえ，感じてほしかったのでした。

具体的に見せたのは，戦後の焼け野原の写真。そして，復興当時の子どもたちの様子です。その当時の給食のときの子どもたちは，パン１つと脱脂粉乳だけの給食だけれど，みんな満面の笑顔でした。

これらの状況も踏まえて考えると，「上を向く＝未来を向く，下を向いて生きていたら悲しいだけ」「涙がこぼれないように＝泣いているだけでは何も始まらない」という意見が出てきました。それが，いつか楽しいときへ，幸せのときへつながるという考えでした。

最後に締めくくりとして，サントリーの CM「上を向いて歩こう」を YouTube で見ました。たくさんの芸能人がリレー形式で歌う CM です。この CM は東日本大震災のときに流されたものでした。コロナ禍で暗くなっている今聞くと，心の奥底から「明るく生きよう」と思えるものでした。

Column 3

熟成させるとおいしくなる

ワインとチーズは熟成させるとおいしくなる……とはよく耳にする話です（実際にはそんなに熟成されたものを食したことはありませんが）。カレーも一晩置いておいた方が熟成されておいしくなりますよね。

これは，「教材研究」でも同じことが当てはまるのではないでしょうか。みなさんもこんな経験がないでしょうか。夜にハイテンションで書き上げた文章。翌朝見てみると，「変な文章だな……なんでこんな文章を書いてしまったのだろう……よし，書き直そう」と激しく後悔する。

夜に「自分視点」で熱を帯びて書き上げた文章を，翌朝に「俯瞰的な視点」で見直してみると熱がこもりすぎていて，いいたいことがわからないということはよくあることです。

教材研究も文章を書くときと同じで，「お！　これはすばらしいアイデアだ！」と思って，勢いよく授業を組むことがあります。ですが，日が経って見直してみると，わかりにくい流れだなと感じることが多々あります。

きっと，勢いよく教材研究を進めているときは，教師目線の発問や授業の流れに偏ってしまっているのだろうなと思うわけです。

本来，必要である「子どもが考えたい発問になっているか」という視点でもう一度，冷静に見る必要があるということですね。

以上の理由から，教材研究をする際には，一晩熟成させて……もう一度流れを見直してみることをおすすめしたいです。

もし，余裕があるのならば，授業を組んでから１週間くらい熟成させてみてください。すると，その間に子どもたちの様子を見ることができます。そこで見た子どもたちの様子を説話に組み込むなど，何かしら授業に反映させたい部分が出てきます。みなさんも教材研究を熟成させてみてください。きっと，教材研究がもっと楽しくなってくるはずですよ。

4章

教材研究と実際の授業

01

D　感動，畏敬の念「花さき山」

教科書教材からもう一工夫する「クロスオーバー型」の実践

４章では，教材研究の詳しい解説と実際の授業がどのようになったのかをページを割いて述べていきます。まずは，難しい内容項目の１つ「感動，畏敬の念」の「花さき山」から見ていきましょう。この教材は授業をする際にずいぶんと悩みました……。

教材の概要と押さえどころ

①概要

「花さき山」は人のことを思ったり，人のために行動したりすると花が咲く山です。主人公のあやは，べべ（服）を買ってもらうのを妹に譲り，自分は我慢したので花さき山に花が咲きました。似たような話として，双子の兄弟の兄がおっぱいを飲むのを我慢して涙を流したときにも花が咲きました。これらの思いや行為から「美しい心」について考えるのにぴったりな教材です。

②押さえどころ

妹のために服を買ってもらうのを我慢したあや，弟のためにおっぱいを飲むのを我慢した兄。これらの思いや行為から教材を安易に捉えると「自己犠牲」を推奨するような授業展開になってしまいかねません。

「花さき山」は昭和の話になります。出版されたのが1969年，つまり昭和44年という随分と昔の話になります。当時の時代背景と今の時代背景についても少々考えておく必要があるでしょう。「我慢」ではなく，その先にある「人のことを想う」というところにまで目を向けさせたい教材です。

■「花さき山」ってどんな教材？

「花さき山」をご存じの方は多いはずです。道徳の教科書にも載っていますが，絵本としても有名ですよね。また，国語の教科書に「モチモチの木」が載っていることもあり，子どもたちにとっても親しみのある教材だといえます。

その一方で，前ページにも書いたように，時代背景を考えておかねばなりません。「服を買ってもらうのを我慢した」「おっぱいを飲むのを我慢した」という「誰かのための我慢」は，一昔前のように，家庭に子どもが多いときには，たくさんあったことでしょう。

ですが，現代の子どもたちの状況に当てはめて考えてみるとどうでしょうか。今の子どもたちも我慢することはありますが，我慢の「質」が異なっているように思います。「ゲームをやりすぎないように我慢する」など，自分のために我慢することはあっても，「誰かのために我慢する」ということは減ってきているのではないでしょうか。その要因はいくつか考えられます。少子化のため，兄弟が少なくなり，そもそも我慢する機会が減ったこと。経済的に豊かになり，モノをすんなりと買ってもらえるようになったこと。これらの理由が挙げられます。

少し教材から話が逸れましたが，教材の中の状況（昔）と，現実の状況（今）を比べるというのは大切なことだと考えています。教師や子どもが教材の状況を把握しないまま，「あやが我慢したことについてどう思いますか？」と問うと，「ぼくもそれ（我慢）やっているよ」と安易に考えてしまいそうだからです。もちろん，子どもからそういう考えが出てくることは悪くはないのですが，あやや双子の兄の行為は，いつでも買ってもらえる冷蔵庫の中にあるプリンを弟に譲るのとは，少しわけが違いますよね。そこから深く考えられるかどうかは教材研究の深さによるのではないでしょうか。

道徳的諸様相から授業を組み立てる

素材研究を通して，「花さき山」という教材について考えが整理できたところで，授業の組み立てを考えていく段階に入ります。

まず，「ねらい」について考えるわけですが，これは，クラスの実態と照らし合わせる必要があります。私がこの授業をしたクラスの子どもたちは家庭環境に恵まれている地域の子どもたちでした。

特徴としては，

①ほしいモノは買ってもらえる。比較的裕福な家庭環境にある

②学力は安定しており，知識は豊富にもっている

このような実態でした。

①に関しては，今回の「花さき山」を考える上では，むしろ難しさがあると思いました。クラスの子どもたちはほしいモノを我慢するという経験が乏しいように思ったからです。

②に関しては，知識としてはたくさんもっているが，実感を伴ったものとして結びつけることができるのだろうか，というところが懸念するポイントでした。これがないと，ただのきれいごとになって終わってしまうのではないかと考えたからです。

以上のような理由から，「道徳的実践意欲」を育てることを授業のねらいにしました。「『美しい心』ってこんな心だな」という道徳的心情をねらいにするのではなく，「『美しい心』をもってみたい」というところまでいけたらよいのではないかと考えたためです。

■ 素材研究＆内容項目研究を進める

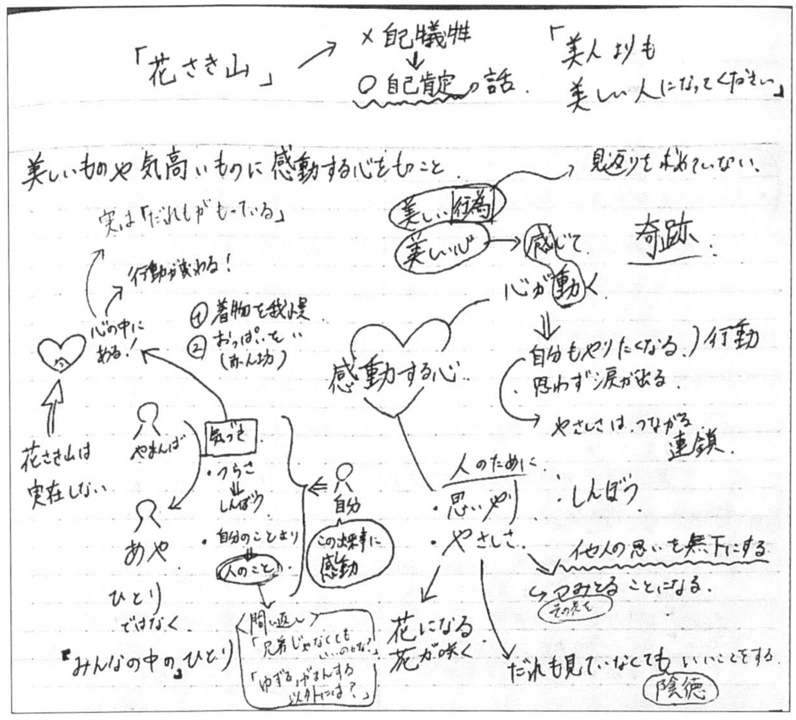

まずは，素材研究です。先ほど述べた時代背景を考えるとともに，インターネットでも，「花さき山」について調べてみました。すると，「花さき山五十周年」（URL：https://www.iwasakishoten.co.jp/special/hanasaki/）という特設サイトを見つけました。その中の「花さき山」について講評する文章が素敵だったので紹介します。

「『花さき山』は，自己犠牲を促すのではなく，『自己肯定』の絵本だと感じます。ひとり，ではなく『みんなの中のひとり』として生きていくには，ぐっと堪える瞬間が出てくる。そんな時，自分の花がどこかで咲いていると思えたら素敵だなと思います」

この言葉から私の中で「花さき山」は，ただ我慢する「自己犠牲」ではなく，「自己肯定」の話であるという認識になりました。

もう少し，内容項目「感動，畏敬の念」について考えてみました。「感動する」ということは「心で『感』じて，心が『動』くこと」である。では，「心が動く」のはどういうときか……「自分もやりたくなる行為に出会ったとき」「思わず涙が出るとき」「優しさにつながる行為を見たとき」，キーワードで考えるとこのような感じでしょうか。

この「人のためを思って行う行為」は，「誰も見ていなくても行うものではないか」とも考えました。そうなると「陰徳を積む（人に知られることなく，よい行いを重ねて行うこと）」につながりますね。

人のためを思って何かをすることによって，花さき山に花が咲く。逆に，人の思いを無下にすると花をつむことになるとも考えました。

以上の分析から，今回はテーマとして「美しい人になるには」というものを設定しました。

「お話の中に美しく感じるところはありますか？　また，そこを美しく感じた理由は何ですか？」

このように問うことを軸として，ねらいに迫っていこうと考えました。

教材を読んだ後に，まずは，ざっくばらんに感想を交流するところからスタートしていきます。

なお，私の自治体では日本文教出版の教科書を使っています。教科書では，三コが体を張って山火事を止める描写が省かれていました。自己犠牲の要素が強いからでしょうか（他の教科書会社では載っている場合もあります）。この辺りも教材研究をするときのポイントになるかもしれません。

■ 板書計画を立てていく

〈板書計画〉

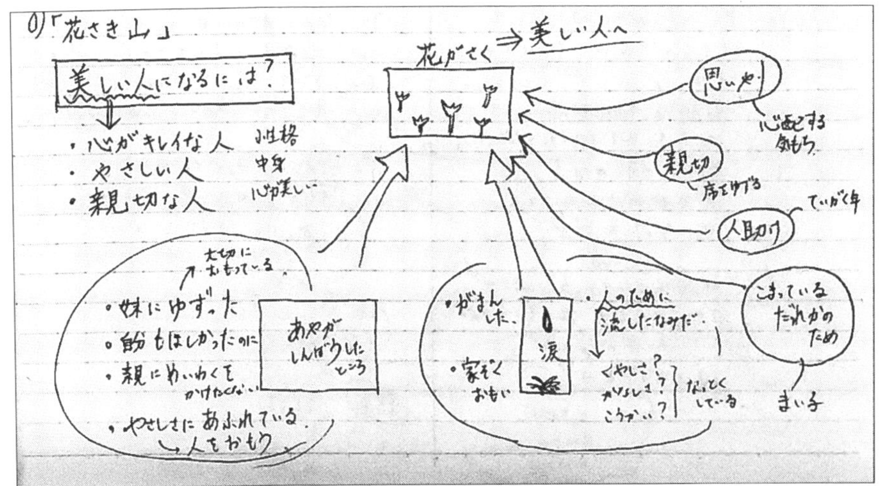

さて，ここまでの思考の過程で，ざっくりとですが板書の形が思い浮かび上がってきました。

教材の中で「美しく感じる」ところは，

①あやが辛抱したところ

②双子の兄が我慢して涙を流したところ

③他の花がたくさん咲いていたところ

だと考えました。

①～③を要素として吸い上げていき，共通項を探すことで「美しい人になる」ということについて考えられる板書の形を思い描きました。いわゆるシンキングツールの中の「くらげチャート」と呼ばれる形です。

③で「他の花はどうやって咲いたのか」を考えるときに，子どもたちは自分事として「美しい行為とはどんな行為か」「どうやったら美しい人になれるのか」に迫っていけると考えました。

■ 授業の流れを想定する

〈授業の流れ〉

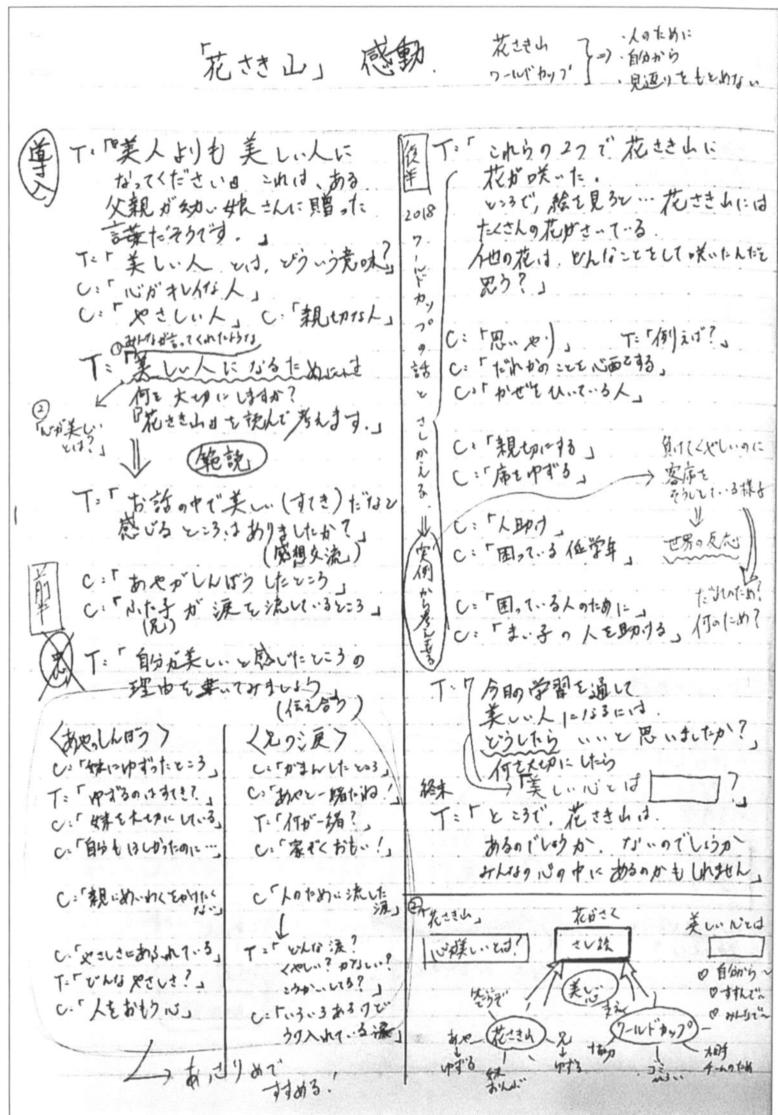

「花さき山」 感動

花さき山 / ワールドカップ → ・人のために ・自分から ・見返りをもとめない

導入

T:「『美人よりも美しい人になってください』これは、ある父親が幼い娘さんに贈った言葉だそうです。」

T:「美しい人とは、どういう意味？」

C:「心がキレイな人」

C:「やさしい人」 C:「親切な人」

T:①みんなが言ってくれたような「美しい人になるためには何を大切にしますか？『花さき山』を読んで考えます。」

②「心が美しいとは？」

範読

T:「お話の中で美しい（すてき）だなと感じるところはありましたか？」（感想交流）

前半

C:「あやがしんぼうしたところ」

C:「ふた子（兄）が涙を流しているところ」

T:「自分が美しいと感じたところの理由を書いてみましょう」（伝え合う）

〈あやのしんぼう〉

C:「妹にゆずったところ」

T:「ゆずるのはすてき？」

C:「妹を大切にしている」

C:「自分もほしかったのに…」

C:「親にめいわくをかけたくない」

C:「やさしさにあふれている」

T:「どんなやさしさ？」

C:「人をおもう心」

〈兄の涙〉

C:「がまんしたところ」

C:「あやと一緒だね！」

T:「何が一緒？」

C:「家ぞくおもい！」

C「人のために流した涙」

T:「どんな涙？ くやしい？ かなしい？ うれしい？」

C:「いろいろあるけど受け入れている涙」

→あっさりめですすめる！

後半

2018ワールドカップの話とさしかえる。

⇓ 実例から考えさせる

T:「これらの２つで花さき山に花が咲いた。ところで、絵を見ると…花さき山にはたくさんの花がさいている。他の花は、どんなことをして咲いたんだと思う？」

C:「思いやり」 T:「例えば？」

C:「だれかのことを心配する」

C:「かぜをひいている人」

C:「親切にする」

C:「席をゆずる」 → 負けてくやしいのに客席をそうじしている様子 ⇓ 世界の反応

C:「人助け」

C:「困っている低学年」

C:「困っている人のために」

C:「まい子の人を助ける」

だれのため？ 何のため？

T:「今日の学習を通して美しい人になるには、どうしたらいいと思いましたか？」

何を大切にしたら

「美しい心とは［　　］？」

終末

T:「ところで、花さき山は、あるのでしょうか、ないのでしょうか みんなの心の中にあるのかもしれません」

②

「花さき山」 心が美しいとは？

花がさく さし絵

美しい心とは［　　］

・自分から ・すすんで ・みんなで

美しい心

思いやり 支え

花さき山 ワールドカップ

あや ゆずる 妹 おんぶ

兄 がまんする

協力

[illegible]

相手チームのため

さて，授業の流れについてです。写真をご覧ください。実際の教材研究をしているノートですが，今回は反省を多く書き込んでいるため少々見づらくなっているかもしれません。

今回は内容項目のＤなので，２章で紹介したように「お話の中で美しいと感じるところはありましたか？」というところから，ねらいとする価値観に迫っていこうと考えていました。

「あやが服を買ってもらうのを我慢したところ」
「双子の兄がおっぱいを飲むのを我慢したところ」
これらの２つについて，私なりに子どもが答えるであろうことを予想しつつ，問い返し発問を考えていました。そして，これらの２つの共通項を探った上で，「他の花はどうやって咲いたのか」について考え，「美しい人になるには」について考えを整理していきます。

実は，この後のページに実践を報告したものと，その実践から改善したものを掲載しているのですが，今回の教材研究ノートは，そのどちらもが見える形になっています。

ネタバレになってしまうのですが，自分のクラスで授業をしたときには，「花さき山」の教材を単体で扱い，そこから「美しい人になるには」を考えました。

他のクラスで実践をしたときには，「花さき山×ワールドカップ」という題材で，「美しい心とは」ということを考えていきました。詳細は後のページをめくって確認してもらえたらと思います。授業の展開は，こちらの用意した素材によって大きく変わるということを感じてもらえることでしょう。

「ねらいの設定」「授業の展開」そして，「用意する素材」によって，目の前の子どもの実態に合った授業になればいいなと思いながら，授業の展開について考えていきます。

〈実際の板書〉

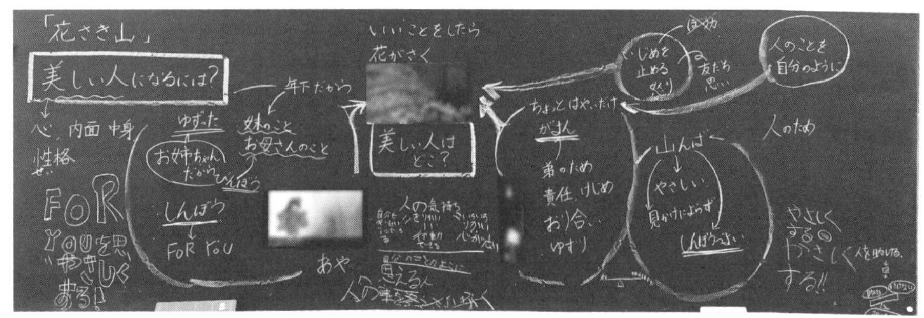

さて，授業後の板書です。２章の導入のところで紹介した「美人よりも，美しい人になってください。」のポスターの言葉からの導入では，こちらの想定通り……「美しい人」とは，「心が美しい人」「内面がきれいな人」「性格がいい人」などの言葉が出てきました。

そこから教材を読み，教材の中の「美しい人」について考えていきました。

あやが，「お姉ちゃんだから」妹のために譲ったこと。

辛抱は「FOR YOU」につながること。（この年の学年目標はFOR YOUでした）

双子の兄が，弟のために自分の心に折り合いをつけて譲ったこと。

意外だったのが，語り手である山姥は「見かけによらず，こういう話をしてくれる優しさがある美しい人だよ」という意見が出たことでした。

ここから，「他の花はどうやって咲いたのか」を考えていくと「人のことを自分のことのように思うことで咲く」「友達のことを思って，いじめを止めるような強い怒りをもつことでも咲く」という意見が出てきました。自分なりに考えている様子が伝わってきました。特に，「いじめのことを～」の意見は，教材の中の「我慢する」という行為とは離れているので，その子なりに考えていることがわかります。

さて，「他の花はどうやって咲いたのか」を考えた後に，「美しい人になるには」をあらためて考えていきました。

〈写真①〉

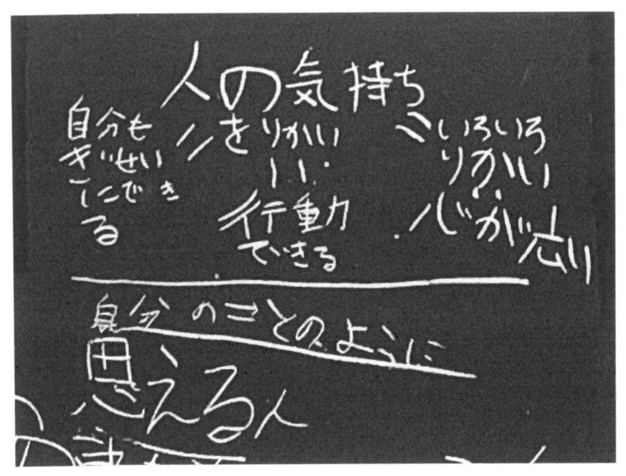

写真①は，子どもたちが黒板に書いたものの一部です。「人の気持ちを理解して行動すること」「自分を犠牲にできること」「心が広いこと」が大切と考えている様子がわかります。また「（人のことを）自分のことのように思える人」という意見も出てきていました。

やはり，「自己犠牲」の部分に少し目が向いているようでした。そして，板書の写真を見てもらえるとわかると思いますが，美しい人になるには「人に優しくする」という考えが多数出てきています。

「人に優しくする」という考えが間違いだとは思いません。ただし，内容項目の「親切，思いやり」で出てくる意見ならわかりますが「美しい心」を考える授業としては，「人に優しくする」という答えは少しもの足りない……気がしました。（みなさんはどう感じますか？）

この授業は，他のクラスの先生に頼んで，もう一度やることを許可してもらえましたので，他のクラスでは，別の形でやることを考えました。ねらいとする道徳的諸様相の変更と，「花さき山」の活用について改善します。ページをめくる前に，「自分だったらどうするか」を考えてみてください。

改善案を練って再び挑む

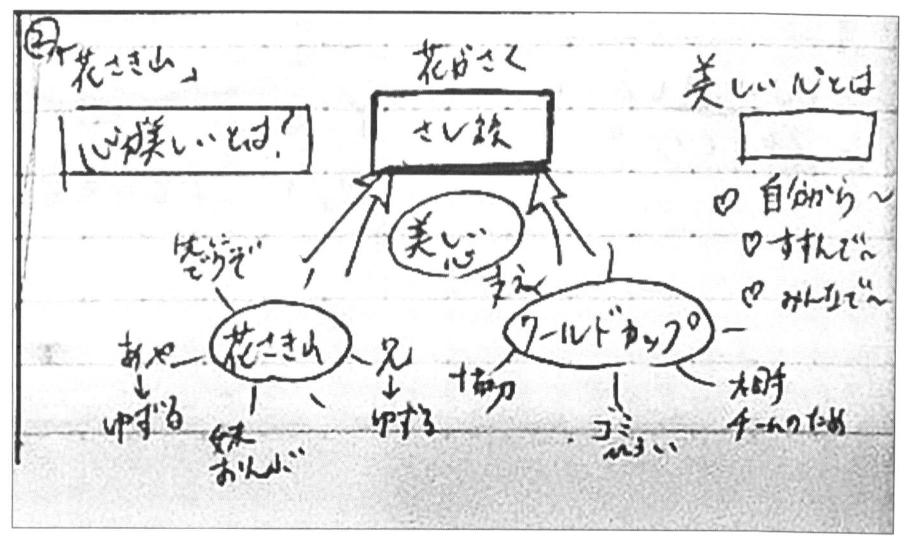

さて，授業をしてみてわかったことがあります。４年生という発達段階を考えると，そもそもの「美しい心とは何か」についてイメージが思い浮かばない子が多数いるのです。

今回「道徳的実践意欲」を育てることをねらいとしていましたが，「道徳的心情」の部分にフォーカスした方が，実態に合っているのではないかという結論に至りました。

そして，素材研究のところで述べたのですが，「花さき山」の話が現代の実態と少々離れていることから考えてみると，授業を組み立てる上で，もう１つ，パズルのピースが足りないと感じました。

そこで，「花さき山」の話に加えて，「ワールドカップでの日本人サポーターのゴミ拾いの様子」からも「美しい心」について考えるようにしてみました。前半では教材から，後半では現実にあった出来事から，それぞれ「美しい心」の共通項を見つけ出し，考えを整理するというねらいをもっています。

サッカーのワールドカップで，日本人サポーターがゴミ拾いをした話はご存じでしょうか。試合の際に，青いゴミ袋を持って応援をしていた日本人サポーター。試合が終わると同時に，そのゴミ袋にゴミを拾って入れていきます。自分が出したゴミ以外も拾っている姿を現地のメディアが見て，称賛するという話です。

ちなみに……この話は，ゴミ拾いをすることは現地の清掃員の仕事を奪ってしまうことにつながるのではないかという意見もSNSなどで出ていましたが，そこを議論し出すと今回の話し合いからは軸がずれてしまうので扱わないこととしました。

ワールドカップでのゴミ拾いの話をもってきたのには理由があります。

・両方とも「人のためを思ってやっている行為である」
・両方とも「見返りを求めて行った行為ではない」

1つ目について。「花さき山」では目の前にいる人に向けて，思いやりのある行為をしていました。ワールドカップの話では，目の前にいる人だけではなく，誰かのためを思って思いやりのある行為をしていました。会場をきれいにすることで，「清掃員が楽になる」「周りの人が気持ちよくなる」「すばらしい試合をした選手への感謝の気持ちを伝えられる」などのよさがあります。

2つ目について。「花さき山」では，花を咲かせようと思って行った行為ではありませんでした。ですが，結果的にその美しい行為に反応して，花さき山に花が咲きました。ワールドカップの話では，海外のメディアに称賛してもらおうと思ってゴミ拾いをしたわけではありませんでした。ですが，結果的に現地の人や報道からの称賛を得ることになりました。

以上のような共通項から，「美しい心」について考えるための材料になると思い，ワールドカップの話をもってきたのでした。

〈改善後の板書①〉

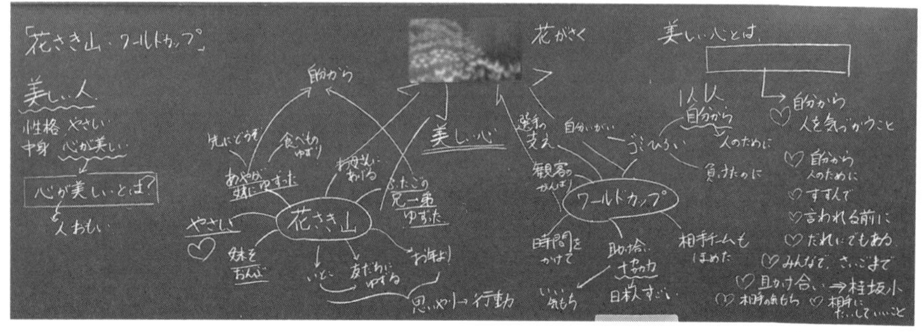

導入では，同じように「美人よりも，美しい人になってください。」のポスターの言葉からスタートしました。そこで，子どもたちの口から「美しい人とは，心が美しいことではないか」という意見が出てきたので，そこを深めていくこととしました。

さて，ここから「花さき山」の話に入っていくわけですが，今回は後半でワールドカップの話も踏まえて考えていくので，その比重を考える必要があります。

今回のように，物語と現実の話をクロスさせて考えるような授業展開をクロスオーバー型と呼んでいます。クロスオーバー型では，考える比重のうち，どちらの話に重きを置くかに授業者の価値観が反映されるでしょう。

今回は，２つの素材を50：50として授業展開を考えました。おおまかに時間配分を考えると……①導入５分，②花さき山15分，③ワールドカップ15分，④２つの話から「美しい心」について考える10分という時間配分になります。

この授業では，特に④が重要になってきます。ここがふくらんでいくと，子どもたちの中で「美しい心」についての考えが広がっていくためです。

〈改善後の板書②〉

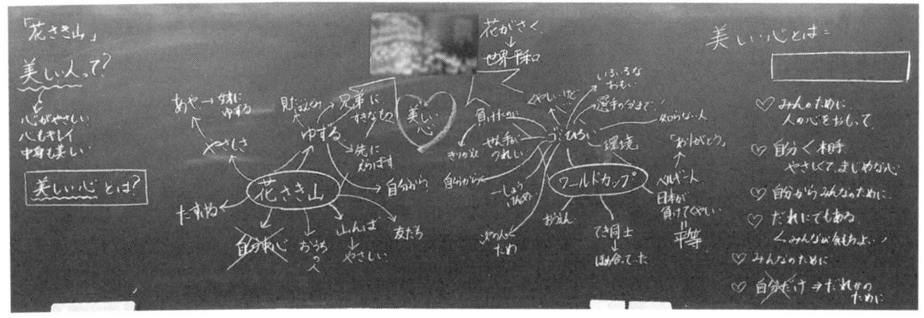

さて，改善後のパターンで授業を２回行いましたので，板書をご覧ください。

授業の後半，「『花さき山』『ワールドカップ』の２つのお話から見つけた美しい心について教えて」と聞いてみたところ，

「自分から人を気遣うこと」

「言われる前に，進んでいいことをすること」

「美しい心は誰にでもあること」

「自分からみんなのためにすること」

「自分だけのためではなく，誰かのためにできることをすること」

このような意見が出てきていました。

中でも嬉しく感じたのが，

「『花さき山』に花が咲くことは世界平和につながる」

という意見でした。

この当時は，連日のようにロシア—ウクライナの戦争が報道されていました。目の前にいる人のことを自分のことのように思うこと。みんながそれをして，花さき山に満開の花が咲くような世界線だったとしたら……戦争なんて起こらないかもしれません。ニュースで見たことを自分のことのように感じて発言している子は，大きな意味で捉えると，自我関与しながら考えているといえるのではないでしょうか。

自分たちの生活へと結びつけていく

〈授業後の取り組み〉

さて，授業をしたからには，自分たちの生活と結びついていってくれたら嬉しいなという願いがあります。

今回は，「４年３組の花がさく！」として，「４年３組の美しい心」を見つけていくことにしました。

授業後，授業のときに使った「花さき山」の場面絵を後ろの黒板に掲示しました。その周りに「４年３組で見つけた美しい心を貼っていくね」と私が見つけた「美しい心＝美しい行為」を貼っていきました。

１週間ほど続けた頃でしょうか。子どもたちから，「私も見つけて，貼ってみたいです」という声が上がってきました。こうなると，あとは取り組みが加速していきます。

「○○さんが登校中に下の学年の子に優しい声かけをしていました」

「○○さんがぞうきんをかけるところをきれいに直していました」

このような声がたくさん届けられました。中には，「消しゴムを拾ってくれました」という「美しい心」とは少しずれるかもしれないようなこともありましたが，こうやってみんなで見つけていくという活動を通して，育まれていく心もあるのではないでしょうか。

■ 授業改善の方法「授業はやったもん勝ち」

道徳の授業では，例外を除けば，基本的に１時間の授業で１つの教材を扱います。この特徴が授業を改善しにくくもあり，改善しやすくもあるようにしています。

「一体どっちなの」とツッコミをいただきそうなので，解説します。

まず，改善のしにくさについてです。例えば，国語の授業をもとに考えてみましょう。国語の学習で，教師が単元構想を練って，子どもたちと一緒に単元計画を立てたとしましょう。２～３時間目と授業が進んでいくと，どうも子どもたちが乗り気ではないということがあります。

そのようなときには，４～５時間目で「問い」を変更したり，学習活動を変更したりということがやりやすいです。これは，複数の時間で１つの教材を扱っているからこそできることです。

道徳の場合は，１時間の授業で１つの教材を扱っているので，仮に「問い」がイマイチだとしても，軌道修正できるのはその時間内だけなのです。これが改善のしにくさのところです。

しかし，ポジティブに捉えると，１時間完結という特徴のおかげで，隣のクラスで挑戦しやすいともいえます。拙著『おもしろすぎて授業したくなる道徳図解』でも紹介したように，ローテーション道徳（担任団がお互いに１つの教材を他のクラスでも授業していく形式）で複数回，授業を行いやすいというのも改善のしやすさとして挙げられるでしょう。

複数回やるかどうかは置いておいたとしても，「次やるとしたら，どこをどう変えるか」というのは，考えておきノートの端にでもメモしておきたいものです。その積み重ねが授業の改善につながっていきます。

02 A　個性の伸長「りんごがたべたいねずみくん」絵本を用いた実践（「自作教材」のつくり方）

いよいよ本書のラストとなりました。ラストでは，絵本を使った自作教材の授業を紹介します。私は教科書教材が好きなのですが，絵本を教材化するのも同じくらい好きです。ただし，絵本を教材化するのには，難しさもあります。

教材の概要と押さえどころ

①概要

『りんごがたべたいねずみくん』（なかえよしを　作／上野紀子　絵，ポプラ社）の絵本を使っての実践です。以下，あらすじを紹介します。

〈あらすじ〉

木の上のりんごが食べたいねずみくん。しかし，ねずみくんは，りんごをとることができません。鳥，サル，ゾウ，キリン，カンガルー，サイがそれぞれの特徴を生かして木の上のリンゴをとります。ねずみくんは，他の動物たちがりんごをとった方法（例えば木に登るなど）を真似しますがとることができません。そこへアシカがやってきて「こうすればいいんだよ」とねずみくんを木の上に投げました。ねずみくんは２人分のりんごをとって，アシカにも渡して万事解決します。

②押さえどころ

絵本の話を教材化するときに大切なことは，「どの内容項目で授業を組み立てるのか」ということです。教科書に載っている話は，授業用に開発された話も多く，扱う内容項目が明確なものが多いです。

一方で，絵本は当然，授業用につくられたものではないので，どの内容項目で扱うべきかという見極めが大切になってきます。さて，今回の『りんごがたべたいねずみくん』はどの内容項目で扱うのが適切でしょうか。みなさんもぜひ，考えてみてください。実は，私はこの絵本を使って何度も授業をしています。その中で，扱う内容項目が変わりました。

出会いは偶然から

息子に読み聞かせをしていたとき，素敵な絵本と出会いました。それが今回紹介する『りんごがたべたいねずみくん』（なかえよしを　作／上野紀子　絵，ポプラ社）です。

『ねずみくんのチョッキ』（なかえよしを　作／上野紀子　絵，ポプラ社）という話をご存じでしょうか。有名な絵本なので，手にとった方もたくさんいるのではないでしょうか。この『ねずみくんのチョッキ』のシリーズである『りんごがたべたいねずみくん』が今回紹介する実践で扱ったものとなります。

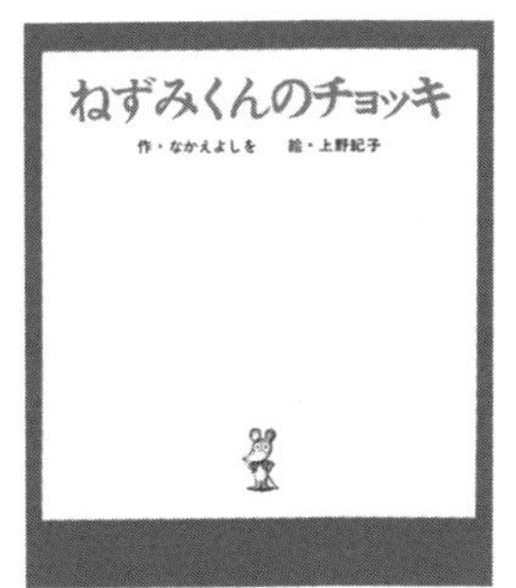

この絵本を見た瞬間，ぜひとも道徳の授業で使いたいという思いに至りました。作者のなかえよしをさんの絵本はどれも読み終わった後に心が穏やかになるような心地よさがあります。実は，この絵本の魅力にとりつかれて，2019年から少しずつ形を変えながら毎年のように実践を積み重ねていきました。（いわば秘伝のタレのようなものです）

2019年に担任していたのは４年生。私はこの教材をねずみくんとアシカの友情の話だと捉えました。１人ではできないことが，２人で協力すればできるようになる。まさに「友情，信頼」にふさわしい教材……と考えました。

当時の学年目標が「『しん友』を見つけよう」というものでした。「しん」の部分はあえてひらがなにしてありました。なぜなら，その「しん」の部分に当てはまる漢字（例：新，心，信，芯，真など）を学校生活の中で見つけてほしいという担任たちの思いがあったからです。

これになぞらえて，授業でも「このお話の中では，どんな『しん友』が見つかるか」ということをテーマにして授業を行いました。子どもたちからは「信友」「真友」などたくさんの意見が出てきました。

学年目標である「『しん友』を見つけよう」とつなげて考えることができたものの，「友情」について思考を深めることができたとは言い難いものでした。なぜなら，子どもたちの思考が揺さぶられるような授業の流れではなく，やや平板で単調な流れになっていたからです。

「そもそも，この絵本のよさを活かしきれていたのだろうか」「子どもたちにこの絵本のよさがどれくらい伝わったのだろうか」このように考えたとき，最後の場面（ねずみくんとアシカが協力するところ）だけを切り取って発問していたのでは，何かものたりない感じがしたものでした。

月日は流れ……2021年になりました。2019年度に受けもっていた子どもたちを６年生担任として，もう一度受けもつこととなりました。

「思い入れのある彼らと，卒業までに何か心に残る授業をしたい」そのような思いをもったときにふと思い出したのが，この『りんごがたべたいねずみくん』の実践でした。

2019年当時は，私の中で不完全燃焼だった授業。6年生となり，成長した子どもたち。彼らを相手に，もう一度この教材で，授業をしたらどうなるのかという興味が沸々とわいてきました。

■ 教材研究再び～教材を見る「視点」を変えてみる～

2021年度となり，あらためて教材を分析するところからスタートしました。そもそも，ねずみくんとアシカに着目して授業を組み立てていたけれど，作者は前半に出てくる動物たちを何のために登場させたのか。ここに注目してみることにしました。すると見えてくるものが違ってきました。

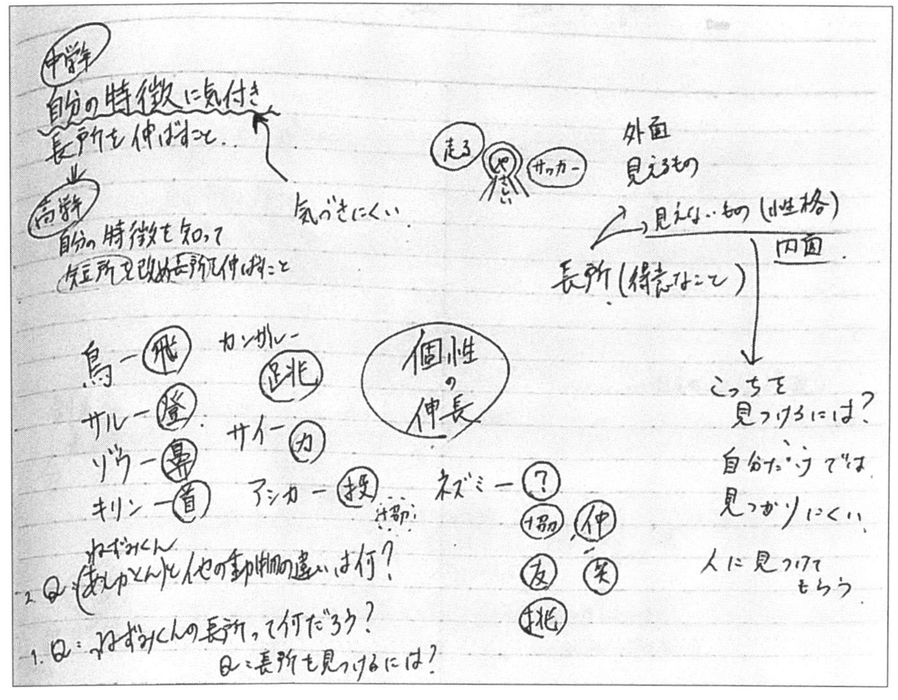

〈図①〉

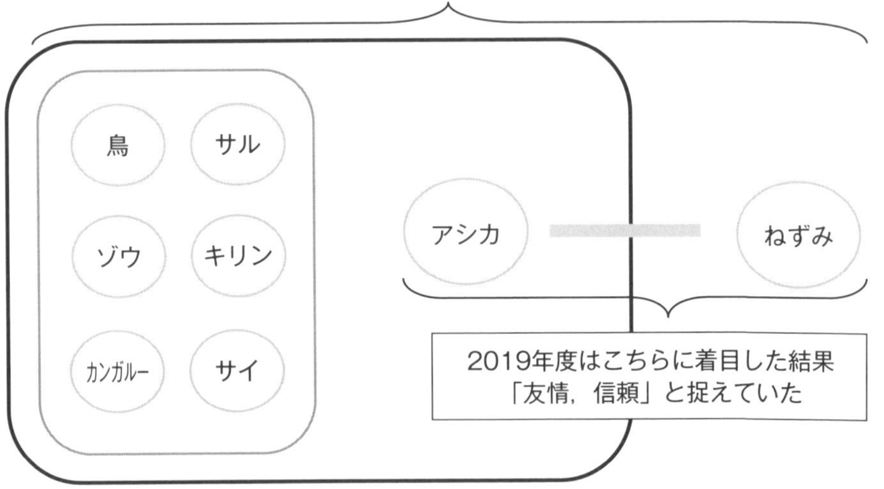
2021～2022年度には，作者が他の動物たちを登場させている意味も考え，
「個性の伸長」と捉え直して，授業の構成を考え直した。
鳥
サル
ゾウ
キリン
カンガルー
サイ
アシカ
ねずみ
2019年度はこちらに着目した結果
「友情，信頼」と捉えていた

前ページの教材研究ノートの一部と，図①をご覧ください。あらためて，絵本を最初から読み直していくと，ねずみくんとアシカ以外の動物たちは自分の生まれもっての特徴や能力でりんごをとっていることに気づきました。

「力」で体当たりしてとっているサイ，「鼻」が長いから伸ばすことでとっているゾウ，「飛」ぶことでとることに成功した鳥。ここまで書き出してみたら，「あれ？　全部漢字一文字で表せそうだな」と気づきました。カンガルーがジャンプしてとっていることは「跳」で表すことができます。

では，ねずみくんとアシカの特徴は？　アシカはねずみくんを「投」げてとることができました。もしくは，ねずみくんと「協」力したからとることができたともいえそうですね。

さて，ねずみくんの特徴は何でしょうか……と，ここまで考えたときに，ようやく授業の方向性が見えてきました。ねずみくんと他の動物の特徴を比べて「個性の伸長」で授業をしようという方向性です。

前半に出てくるのは，各々，違う特徴や能力をもった動物たちです。そして，ねずみくんとアシカは，それぞれの個々の力ではりんごをとることができませんでした。

もう少し，深掘りして考えてみましょう。前半に出てくる動物たちは「生まれもっての特徴や能力」なのです。

ところが，ねずみくんの特徴はというと……「体が小さいこと」だけではありませんよね。確かに，この話では生まれつきの特徴である「体が小さいこと」も大切な特徴になります。なぜなら，「体が小さい」からこそ，アシカはねずみくんを木の上に投げることができて，りんごをとることができたからです。もしも，アシカとゾウのペアだったとしたら，アシカはゾウを投げることができませんよね。

ねずみくんは，他の動物たちのやり方を諦めずに真似して，挑戦し続けていたからこそ，アシカと出会い，りんごをとることができたという見方もできるのではないでしょうか。

以上のような考察より，ねずみくんと他の動物たちを比べたときにわかることは，ねずみくんは「目に見えない長所」が描かれている。他の動物たちは，「目に見える特徴」が描かれている……そこを問えば，おもしろくなるのではないかということでした。

■ 板書計画はシンプルに～学習活動とセットで考える～

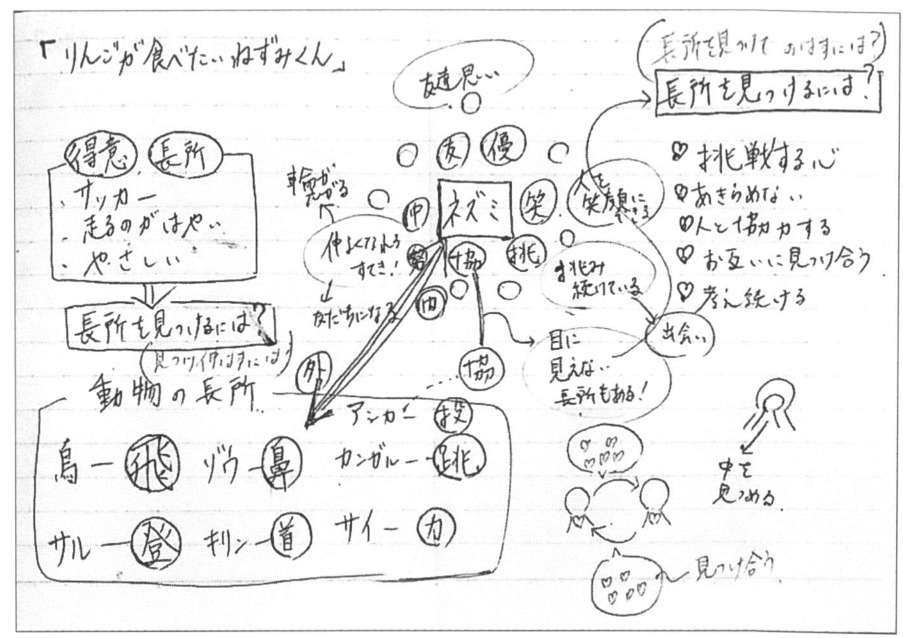

このお話の構造が見えてきてからは，授業の流れはできたも同然でした。なぜなら，教材研究から「学習活動」が明確になってきたからです。

○動物たちの長所を明らかにしていく
○ねずみくんの長所について考える
○ねずみくんと他の動物たちの長所を比べる
○「長所を見つけるには」について自分なりに考えをもつ

このように授業の流れもスムーズに決まりました。すると，あとはそれを板書に当てはめていけば，板書計画は完成していきます。今回は「漢字一文字で考える」というところをポイントに挙げました。「漢字一文字で考える」メリットは何だと思いますか。次ページにいく前に思い浮かべてみてください。

■ 全員参加の授業のために「しかけ」を入れる

さて，漢字一文字で表すメリットについて思い浮かべていただけたでしょうか。私は，「全員参加」がメリットだと思います。

「全員参加」とは，どういうことでしょうか。そもそも授業をしていたら，その時点で全員参加しているといえそうですが，はたして本当に全員が参加できているのでしょうか。

授業をしていたら，じっと座って友達の話を聞いているだけの子もいるかもしれません。もちろん，話を聞くことが悪いことではありません。ですが，そこに主体性が生まれているのかどうかは大切にしたいところです。

「座って話を聞いていたら１時間終わる」というような，いわゆる「お客さん」状態では，心に残る授業にはならないのではないかと思うわけです。

この「漢字一文字で表す」という学習活動は，授業参加へのハードルを下げることができます。他の動物たちの特徴を全体で確認した後に，個人で，ねずみくんの長所について漢字一文字で表す活動をします。漢字一文字だと，まだ考えやすい。

そして，漢字が書けた子からどんどん声をかけていき，黒板に書きにきてもらいます。３人くらいをこちらで指名していくと，残りは「私も書きたい！」と自分から書きにきてくれます。「発表も１回。書くのも１回。自分の考えを表明してみよう」と，この年の６年生には伝えていました。

漢字を書けた後は，なぜその漢字を選んだのかをノートに書いていきます。たとえ同じ漢字を選んだとしても，理由が違うかもしれません。その理由を友達と比べて考えを広げたり，深めたりできることも「漢字一文字」で表すメリットとなります。

■ 「揺さぶるポイント」があれば授業はおもしろくなる

＜4年＞

「りんごが食べたいねずみくん」
―個性の伸長―

（導入）
T：「みなさんは、自分の長所（得意なところ）をぱっと言えますか？」（挙手）
C：「サッカーが得意！」
C：「走るのが好き！」
T：「言えないよ…っていう人もいますよね」
T：「長所はあった方が……？」
T：「では、今日は、長所を見つけるにはをテーマに考えていきましょう。」

⇓ 範読

（展前）
T：「それぞれの動物たちの長所は分かったかな？」
C：「鳥は飛べること！」
C：「サルは木に登れること」
C：「ゾウは鼻が長いこと」
C：「キリンは首が長い」
C：「カンガルーはジャンプ」
C：「サイは力が強い」
C：「アシカは投げる」
（黒板に漢字1字で書く）

（中心）
T：「では、ねずみくんの長所は何でしょう…？ねずみくんって長所無いよね？」
C：「ある！」
T：「え!? あるの？それを漢字で表する？」
T：「書けた人は、なぜその字にしたのか、理由も書いてみよう！」
＜問い返し＞
T：「あれ？（笑）って長所になるの？」
先生もお笑い番組みててよく笑うよ。」
C：「この場合は、自分と、友達を笑顔にできる」
T：「それは、テレビをみて笑うのとはちがう？同じ？」

T：「（挑）や（続）は長所になるのかな？けっきょく、りんごは、取れなかったよ」
C：「挑み続けたからこそ、アシカくんに出会えた」
C：「だからこそ、長所が見つかった」

T：「仲よくなれるのは、どんなところがすてき？」
C：「友だちになれる（この後も）」
C：「輪が広がる」

T：「ねずみくんと、他の動物たちのちがいは、何だろうね。」
C：「ねずみくんは、たくさんある！」
T：「他の動物は、1こしかないのかな？」
C：「いや…実はあるかも」
C：「他の動物は、外見や能力のこと ねずみくんは中身のこと」
T：「ねずみくんの長所は目に見えないね」

（展後）
T：「目に見えない長所…ねずみくんの長所みんなは、見つけたけど、見つけるには、何が大切？」
C：「挑戦する心」
C：「人と協力する」
C：「お互いに見つける」
C：「考えつづける」

ここの時間を長く確保できた方がねらいにせまれる。
→漢字一文字の活動時間をへらす

さて，学習の流れについて見ていきましょう。

導入では「先生が得意なものは何でしょうか」と言った後，バドミントンや囲碁をやっているところのジェスチャークイズをしました。(余談ですが，囲碁六段の免状をもっています)

こうやって心をほぐしつつ，長所について聞いていきます。「ぼくは，サッカーが得意だな」「私はピアノを頑張っているよ」といろいろ語ってくれます。「ところで，みんなは先生のことを優しいって言ってくれるよね。それも長所に入れてもいい？」と性格のことにもふれていきました。

このように長所を確認した上で，「もっと見つけたい人？」と問い，テーマを設定していきます。

さて，導入が終わった後の学習の展開は先ほど（「板書計画はシンプルに～学習活動とセットで考える～」で）示した通りなのですが，問い返し発問も練っておくことが必要になります。今回は，ねずみくんの特徴を漢字一文字で表す活動をする際に「挑戦すること」という答えが出ることを想定していました。これに対して，「挑戦したけれどとれていない。これを長所といえるのでしょうか？」と問い返そうと考えていました。子どもたちは長所＝「自分のできること」「得意なこと」というように考える傾向にあるので，そこを揺さぶっていきたいという思いがありました。

また，ねずみくんと他の動物を比べる活動で，「ねずみくんの方が長所が多い。他の動物は１つしかない」という意見が出てくることも想定していました。そのときは「他の動物には，黒板に書かれている長所しかないのでしょうか？」と問い返そうと考えていました。絵本に描かれている世界観を大切にしつつも，「長所は誰にだってあるし，見えない長所はたくさんある」ということに気づかせたいという思いがあったからです。

そして，問い返し発問で思考を深めた後に，各々で，「長所を見つけるには」についてあらためて考えを整理していくこととしました。

■ やっぱり道徳はおもしろい！

さて，実際の授業はどのようになったのかを板書をもとに振り返っていきましょう。

今回は，2021年度に６年生の４クラスで行ったものと，2022年度に４年生のクラスで行ったものを紹介します。

まずは，2021年度に６年生のクラスで行ったものからご覧ください。このときに担任していたクラスの子どもたちは本当によく考える子どもたちでした。道徳の授業を心から楽しんでくれていたのが嬉しかったのを今でも思い出すことがあります。

さて，そんな６年生で行った授業の板書を一気に載せてみました。どのクラスでも同じ授業の流れで行っているのですが，子どもたちが言うことは多種多様でおもしろいです。

ぜひ，４つの板書を見比べてみてください。それぞれのカラーが出ていておもしろいですよ。（ちなみに，板書④が当時担任していたクラスです）

〈板書①〉

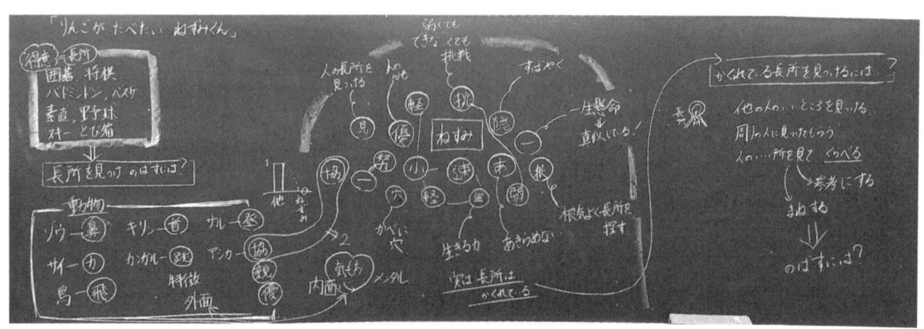

〈板書②〉

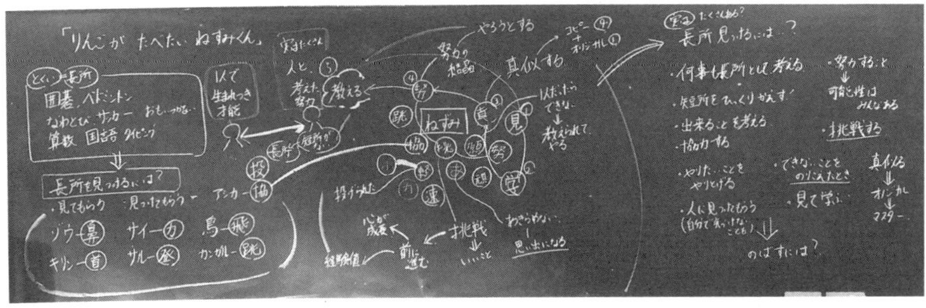
「りんごが たべたい ねずみくん」
長所見つけるには…？
長所を見つけるには？
ねずみ

〈板書③〉

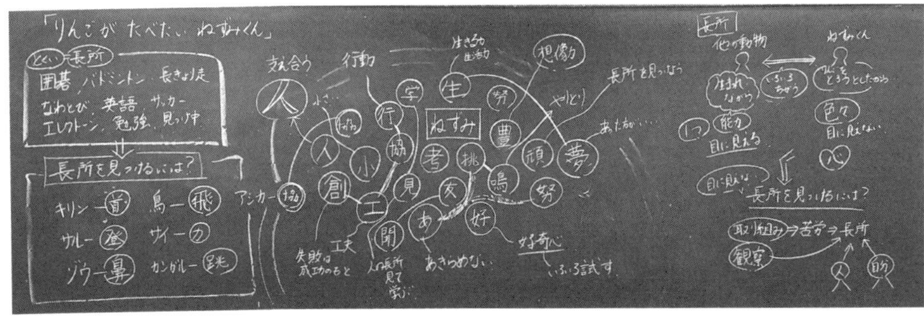
「りんごが たべたい ねずみくん」
長所を見つけるには？
ねずみ
長所を見つけるには？

〈板書④〉

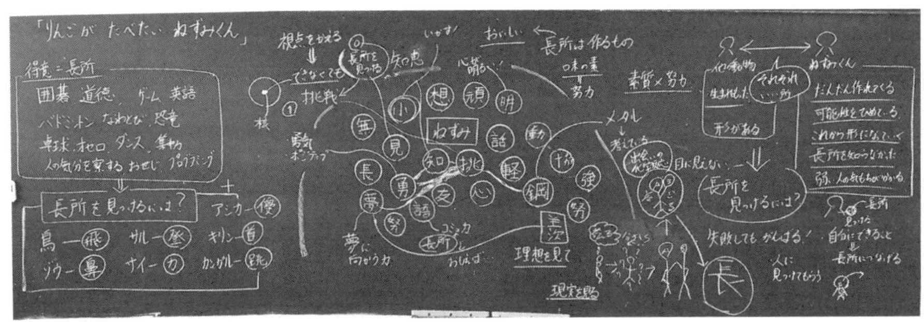
「りんごが たべたい ねずみくん」
長所を見つけるには？
ねずみ
長所は作るもの
長所を見つけるには？

さて，実際の授業で出てきた漢字をざっと見てみましょう。

〈ねずみくんの長所を表す漢字〉
○小　○軽　○夢　○頑　○考　○無　○努　○明　○見　○挑　○あ
○鋼　○強　○羨　○語　○想　○協　○友　○動　○知　○心　○勇
など

こちらが想定していた通り，ねずみくんの身体的特徴を表す「小」「軽」などの漢字が出てきていました。

その後，黒板に「頑」「考」などと書きにくる子が出てきてからは実に多種多様な文字が出てきています。

無・頑「何も無いところから頑張ったのが長所」
羨　　「羨ましいという気持ちから動けたのがよいところ」
努・夢「努力し続けることは夢に向かう力となる」
明・あ「明るい気持ちで諦めていない」
挑・鋼「何度も挑戦する鋼のメンタルをもっている」

このようにねずみくんの行動や考え方に着目する漢字が多く黒板に書かれていきました。

中でも，何も「無」いからそこから吸収できるところが長所であるという考えや，「羨」ましいと思ったからこそ，そこを原動力にして頑張れたという考えは，私が教材研究をしていたときには思いつきもしなかったので，とてもおもしろいと授業をしている最中から感心した次第です。

なお，「あ」と黒板に書きにきている子は，私が「それでいいよ」と声をかけた子です。「諦」めないを思い浮かべたけれど，漢字が難しすぎたので「あ」というひらがなを黒板に書きにきたのでした。漢字一文字で表す目的は「全員参加」なので，それもよしとしたわけです。

漢字一文字で表した後は，全体交流をするわけですが，ここは一工夫しました。「なぜ，その漢字を選んだのか説明できる人。もしくは，黒板の字がなぜ書いてあるのか気になるから聞きたい人」このように投げかけました。

自分の考えを表明したい子は，自分でその字を書いた理由を言いますし，そうじゃない子は，「あの字の意味を聞きたいです」というところから対話が生まれていきます。特に，前ページで示した「無」や「あ」などはなぜその字が書かれているのかは聞いてみるまで理由が見えてこない字です。

また，同じ「真」という字でも，「真剣に頑張った」という理由で話す子もいれば，「真似してとろうと挑戦していた」と答える子もいます。

このようにお互いの考えにズレが生じるときに，学びは大きなものになっていきます。「そんな考え方もあったのね！」となるわけです。

さて，ねずみくんと他の動物の長所を比べると，こんな意見が出てきていました。「ねずみくんの長所は目に見えないものだ」「ねずみくんは可能性を秘めている」「ねずみくんは弱い人の気持ちがわかる」「ねずみくんの長所はこれから形になっていく」

これらの考え方から「長所を見つけるには」というところを考えていくと「長所は見つけるというよりはつくるもの」「長所は今見つからなくても，これから形になってくるから焦らない」と６年生なりに考えることができていました。

なお私が担任していたクラスでは，私が描いた図に加えて，子どもたちが黒板に図を描きにくる様子が見られました。「長所はかけ合わさっておもしろくなる。出会いの科学反応を楽しみたい」「長所は細胞の核のようなもの。見えていないけれど，努力するとだんだんと見えてくる」という考えを伝えてくれていました。少々抽象的な考えですが，６年生なりに真剣に考えている様子が見られました。

〈板書⑤〉

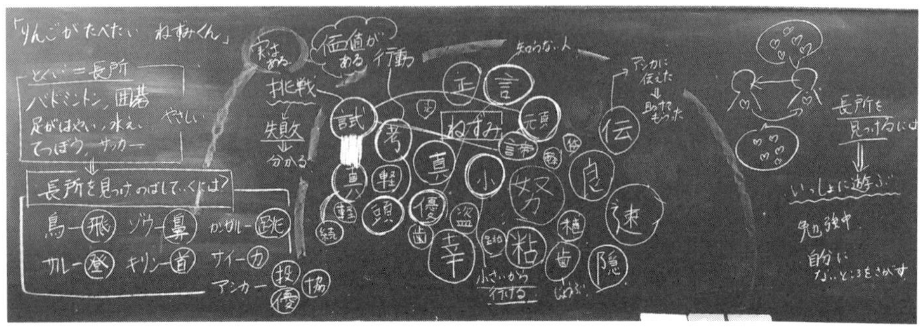

〈板書⑥〉

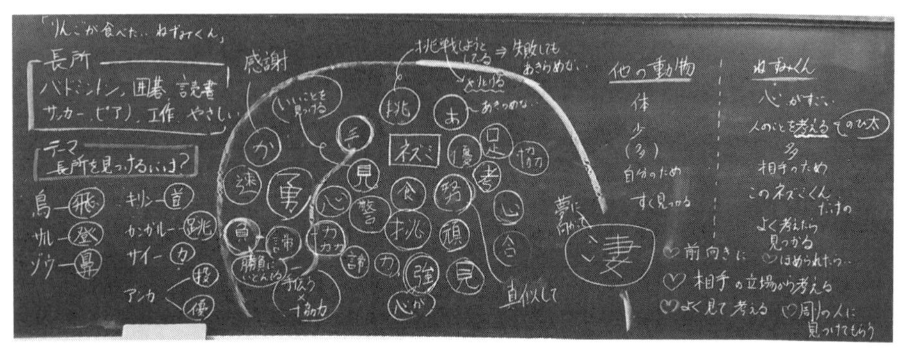

2022年度に４年生で行った実践です。６年生で行ったものと見比べてみるとおもしろいのでページをめくってみてください。板書⑤は，私のクラスで６月頃に行いました。時期が早かったため「ねずみくんは目に見えない長所をもっている」というところに気づくのは少々難しかったようです。

板書⑥は２学期の後半に他のクラスで行ったものです。２学期の後半ともなれば，ねずみくんと他の動物を比較して考えるところでも，かなり抽象度の高いことも考えることができていました。なお，漢字が苦手な子には４年生の国語科で学習する「漢字辞典」を使うことをおすすめしました。

■ まとめ「自作教材で授業をするときのポイント」

さて自作教材についての解説はいかがだったでしょうか。自作教材を用いて授業する上で考えたいことは，用意した素材（今回の場合は絵本）をどのように扱うかということです。

がっつり１時間，その素材を主食として扱うのか。それとも教科書教材と半々にして，おかずのように扱うのか。はたまた，教科書教材をメインとして，終末の説話のところで紹介するデザートとして扱うのか。

どの扱い方が一番効果的なのかということは，考えておきたいものです。

また，繰り返しになるのですが，絵本などを使って授業を組み立てるときに，どの内容項目に着目するかというのは，指導者の「授業観」が色濃く反映されるところです。ここはじっくりと時間をかけて分析を行っていきたいものです。

自作教材に限ったことではないのですが，授業に失敗はつきものです。失敗したことも財産だと思って，どんどん改良を重ねていけばよいと思います。何よりも，自作教材はつくるのが大変ですが，１回つくってしまえば，後々ずっと使うことができるというメリットがあります。

今回は，たまたま息子に読んでいた絵本が素敵だなと思うところから教材化を進めていきました。普段から，「素敵だな」と思うことは何でもストックしておくことをおすすめします。

新聞の記事，歌，詩，CM，絵本，映画……実は「道徳の目」で見ると教材となりそうなものはそこら辺に転がっています。みなさまも，素敵な素材に出会えたらぜひ，教材化してみてください。

あとがき

教材研究の腕を磨くには

本書をここまで読み進めてくださったみなさま，本当にありがとうございました。いかがだったでしょうか。教材研究をやりたくなってきたでしょうか。もし，本書を読み終えた後に少しでも「自分もできそうだな」「教材研究を早くやりたいな」という思いが出てきていたとしたら……私としては，これ以上ない喜びです。

さて，私の教材研究のノートを見せながら，「こういう風に授業をつくったらいいよ」と説明をしたときに，「それは森岡先生だからできることですよ」という言葉が返ってくることがあります。もしかしたら，読者のみなさまもそう思ったかもしれません。そんな方に見せたいノートがあります。

この写真，実は，私が初任の頃に書いたノートです。この写真がたまたまスカスカだったのではなく，どのページもこのような感じでした。教材研究は，「何を書けばよいのかわからない」という状態からのスタートでした。指導書も大いに参考にさせてもらいました。

さて，最後に大切なことを言います。

「できなくてもやる。ただ，やり続ける。（Just do it!）」

教材研究の腕を磨くにはこれに尽きます。縄跳びは跳ばないと，いつまでたっても跳べません。自転車は乗らないと，いつまでたっても乗れません。

そうです。教材研究も，「できなくてもやる」を続けないと，できるようにはなりません。

教材研究には，いろいろなスタイルがあります。もしも，まだ自分のスタイルが見出せていない方は，本書のやり方をそっくりそのまま真似してみてください。最初は書けなくたっていいんです。続けているうちに，1行，2行……と書ける量が増えてきて，そのうちに教材研究の質が上がってきます。

書けるようになってくると，授業が100倍楽しくなります。そして，こちらが楽しんでやっていると，子どもたちも授業を楽しむという嬉しい連鎖反応が起きてきます。

それでは，読者のみなさまが道徳の教材研究を楽しんでくれることを願いながら，本書を閉じます。

森岡　健太

参考文献

・文部科学省『小学校学習指導要領（平成29年告示）解説　特別の教科　道徳編』
・澤田浩一　著『道徳的諸価値の探究　「考え，議論する」道徳のために』学事出版，2020年
・赤堀博行　著『道徳的価値の見方・考え方　「道徳的価値」の正しい理解が道徳授業を一歩先へ』東洋館出版社，2021年
・赤堀博行　監修／日本道徳科教育学会　編著『道徳教育キーワード辞典　用語理解と授業改善をつなげるために』東洋館出版社，2021年
・田沼茂紀　編著『道徳科重要用語事典』明治図書，2020年
・坂本哲彦　著『「分けて比べる」道徳科授業』東洋館出版社，2018年
・吉田誠・木原一彰　編著『道徳科初めての授業づくり　ねらいの８類型による分析と探究』大学教育出版，2018年
・森岡健太　著『おもしろすぎて授業したくなる道徳図解』明治図書，2021年
・中村優輝　著『内容項目から始めよう　直球で問いかける小学校道徳科授業づくり』東洋館出版社，2022年
・荊木聡　著『中学校道徳板書スタンダード＆アドバンス』明治図書，2021年
・『道徳教育』編集部　編『道徳授業の板書づくり＆板書モデル大全』明治図書，2022年
・『道徳教育』編集部　編『考え，議論する道徳をつくる新発問パターン大全集』明治図書，2019年
・加藤宣行　編著『この一冊でぜんぶわかる！　加藤宣行の道徳授業　実況中継』東洋館出版社，2018年
・髙宮正貴　著『価値観を広げる道徳授業づくり　教材の価値分析で発問力を高める』北大路書房，2020年
・WRITES PUBLISHING　編『毎日読みたい365日の広告コピー』ライツ社，2017年
・なかえよしを　作／上野紀子　絵『りんごがたべたいねずみくん』ポプラ社，1975年

【著者紹介】
森岡　健太（もりおか　けんた）
1987年生まれ。京都府公立小学校教諭。神戸大学発達科学部卒（教育学部）。初任校での，道徳の公開授業失敗をきっかけに，道徳の研究に目覚め，市の道徳教育研究会に所属する。10年以上，道徳の授業づくりを研究し，現在は京都連合教職大学院で「教育」について学び直し中。
〈著書〉
『おもしろすぎて授業したくなる道徳図解』（明治図書）
『おもしろすぎて子どもに会いたくなる学級経営図解』（明治図書）

〈本文イラスト〉
ネコ先生

森岡健太の道徳教材研究ノート

2023年8月初版第1刷刊 ©著　者 森　岡　健　太
発行者 藤　原　光　政
発行所 明治図書出版株式会社
http://www.meijitosho.co.jp
（企画）茅野　現（校正）嵯峨裕子
〒114-0023　東京都北区滝野川7-46-1
振替00160-5-151318　電話03(5907)6702
ご注文窓口　電話03(5907)6668

＊検印省略　組版所 株式会社アイデスク

Printed in Japan　ISBN978-4-18-382827-9
JASRAC 出 2304012-301